MÁTYÁS PÁNCZÉL

STURMGESCHÜTZ III ON THE BATTLEFIELD 3
★ WORLD WAR TWO PHOTOBOOK SERIES ★

volume  8

© PeKo Publishing Kft.

Kiadja/Published by
PeKo Publishing Kft.
1144 Budapest, Ond Vezér útja 47.
Email: info@pekobooks.com
www.pekobooks.com

Felelős kiadó/Responsible publisher
Kocsis Péter

Írta/Author
Pánczél Mátyás

A magyar szöveget szakmailag lektorálta/ Hungarian text's proofreading
Dr. Számvéber Norbert

Printed in Hungary

Fotók/Photos
Kocsis Péter, Paul Johnson, Pierre Tiquet, Bundesarchiv, Archive of Modern Conflict (AMC),
National Archives (NARA), Süddeutsche Zeitung, Beeldbank WO2, Imageforum AFP, Jürgen Wilhelm

Kiadás éve/First published
2015

ISBN 978-963-89623-9-3
ISSN 2063-9503

Minden jog fenntartva. A kiadó írásbeli hozzájárulása nélkül tilos a mű bármely részének sokszorosítása, reprodukálása, illetve bármiféle adattároló rendszerben való rögzítése és feldolgozása.

All rights reserved. No parts of this publication may be reproduced, or transmitted in any form or by any means, electronic or mechanical, including photocopying, recording or by any information storage and retrieval system, without permission from the Publisher in writing.

KÖSZÖNETNYILVÁNÍTÁS

E monográfia megírásában is messzemenő segítséget kaptam Szeretteimtől és Barátaimtól, amiért nem lehetek elég hálás! Szerető feleségem, Böbe és kisfiúnk, Matyika mindvégig mellettem álltak, ugyanakkor Barnaky Péter és dr. Számvéber Norbert – aki ismét vállalta a lektorálást is – szakmai segítsége elengedhetetlennek bizonyult. Kocsis Péter, mint a PeKo Publishing vezetőjének köszönettel tartozom a türelméért és a könyv megjelenéséért!

Pánczél Mátyás

ACKNOWLEDGEMENTS

While writting this monograph I received considerable help from my loved ones and my friends, for which I can't be gratful enough. To my loving wife, Böbe, and our son, Matyika they always stood by me till the very last. I would also like to thank Péter Barnaky's and Dr. Norbert Számvéber's – both of whom took time to read the manuscript and provide helpful suggestions – their professional help proved to be essential. I would also like to thank Péter Kocsis, the head of PeKo Publishing for his patience and for publishing this book.

Mátyás Pánczél

BEVEZETŐ

A Sturmgeschütz III (továbbiakban StuG. III) rohamlöveget bemutató fotómonográfiáink újabb kötetében röviden ismertetjük a keleti front 1942 és 1944 közötti harctéri tapasztalatait.

A szovjet hadszíntér 1942-ben nem tartogatott eddig nem ismert feladatokat a rohamtüzérek számára, ám a harcok hevesebbé váltak. A német támadó hadműveletekben az alapvető harcfeladat a gyalogság közvetlen tűztámogatása maradt (pl.: megerődített támpontok ellen, helységharcban, harcfelderítés közben, stb.). Emellett jelentősen megnőtt a páncélelhárító harcfeladatok részaránya. A harcvezetés terén fontos változást jelentett az Ausf. E altípus megjelenése 1941 végétől, amelybe már nagy hatótávolságú, üzembiztosabb rádiókat szereltek, kifejezetten a parancsnokok számára. Az 1942. november 1-jétől alkalmazott 416. számú hadi állománytáblával (KStN. 416) a hatékonyabb harcvezetés érdekében az osztálytörzsek állományát lényegesen bővítették. Noha a rohamlövegosztályok általában különböző sereg- és csapattestek alárendeltségében harcoltak megerősítésként, osztálytörzsük akár egy összfegyvernemi harccsoport irányítására is alkalmas volt. 1942 novemberében (a 446a hadi állománytáblával) a rohamlövegosztályok páncélos-állományát megnövelték és immár 31 lövegből álltak (3 szakasz/3 löveg + 1 parancsnoki löveg alkotott egy üteget, 3 üteg + 1 parancsnoki löveg egy osztályt). Ez a szervezés a háború végéig érvényben maradt, azonban a későbbiekben átszervezett rohamlöveg- és rohamtüzérdandároknál elvileg 45-re nőtt a páncélosok száma. 1942 során zömmel az L/24 csőhosszúságú löveggel szerelt rohamlövegek tevékenykedtek, ám 1942 áprilisától megjelent az Ausf. F változat. Elsőként a remekül helytálló „Grossdeutschland" rohamlövegosztály kapott belőlük. Az L/43 csőhosszúságú ágyú hatásos tűzerőt biztosított a szovjet páncélosok ellen már 900-1200 méterig, majd júniustól a kedvezőbb ballisztikai tulajdonságokkal rendelkező (stabilabb, alacsonyabb röppályájú, jobb páncéltörő képességű) L/48-as lövegeket építették a harcjárművekbe. Noha a lőszerkészlet (a csatár kocsiknál) az Ausf. E esetében 50 darabra nőtt, az Ausf. F változatok lőszerkészlete – az Ausf. E felépítményének megtartása (minimális módosítása), de a nagyobb lőszer (75x495R) rendszeresítése miatt – ismét 44 darabra csökkent. Ez a mennyiség a szeptembertől rendszerbe állított Ausf. F/8-tól kezdve – így az 1942 decemberétől megjelenő, teljesen új felépítményű Ausf. G-kben is – már 54 darab volt. Az Ausf. F/8 új formai kialakítására is emiatt került sor. A nagyobb löveg és annak lőszerei miatt a szabad küzdőtér erősen lecsökkent, így azt növelni kellett. Ezt a felépítmény áttervezésével lehetett megoldani, ami maga után vonta a páncéltest módosítását is. Az Ausf. G teljesen új felépítményt kapott, ami kisebb változtatásokkal a háború végéig megmaradt. A rohamlövegek védettsége részben elfogadható volt, hiszen júniustól már 80 mm-es frontpáncéllal rendelkeztek (hegesztett, majd csavarozott kivitelben), ami alapvetően elegendőnek bizonyult a nagyobb lőtávolságból tüzelő lövegek ellen, de a változatlanul hagyott 30 mm-es oldalsó páncélzat immáron végérvényesen elégtelenné vált. Ezt számos kezelőszemélyzet próbálta növelni megannyi tábori rögtönzés formájában. A mozgékonyság a megnövekedett súly ellenére megfelelő maradt. A téli bevetések során azonban a motorhűtés és a futómű hiányosságai korlátozták az alkalmazási lehetőségeket. Ennek javítására a csapatok speciális Winterkette (téli lánctalp) lánctalpat kaptak 1942/1943 telétől. A már említett 446a számú hadi állománytáblával a rohamlövegütegek egy Sd.Ah. 116 mélyrakodó utánfutót kaptak, ami – figyelembe véve az ütegenkénti 10 löveget – önmagában sokszor kevésnek bizonyult. Ennek ellenére a rohamlövegosztályoknál (558a számú hadi állománytábla) összesen kettő mélyrakodó utánfutót rendszeresítettek. Mindezek mellett a technikai kiszolgálásokra a folyamatos támadó hadműveletek során egyre kevesebb idő jutott, s a kezelőszemélyzetek – ahogy erről megannyi fotó is árulkodik – maguk oldották meg a kiszolgálásokhoz szükséges eszközök és felszerelések szállítását, legtöbbször magukon a rohamlövegeken.

Az 1943-as esztendőben három kiemelkedő esemény történt, ami jelentős változást hozott a háború menetében. Noha Németország az afrikai hadszínteret is feladta, a másik két esemény – a sztálingrádi katasztrófa és a sikertelen kurszki támadó hadművelet – sokkalta jelentősebb volt. 1943-ra a rohamtüzérség feladata jelentősen kibővült. A gyalogság közvetlen tűztámogatása immáron szinte kiegészítő feladatnak számított, a rohamlövegeket leginkább mozgó páncéltörő tartalékként (páncélvadász szerepkörben), szárnybiztosításra és harcászati tartalékként alkalmazták.

A rohamtüzérség az egyik legeredményesebb csapatnem lett a keleti fronton. A harcvezetés terén nem történt változás. A keleti fronton megnövekedett jelentőségük miatt növelték a rohamlövegek számát. Amíg az év elején – a veszteségek miatt – elenyésző mennyiség állt rendelkezésre, addig az év közepén közel 1000, év végén pedig már 1200 körül volt a harcoló rohamlövegek száma. Ugyanakkor a páncélos-veszteségek és a gyárak kapacitása közötti egyre mélyülő aránytalanság miatt Heinz Guderian vezérezredes, a páncéloscsapatok főszemlélőjének parancsára, 1943. áprilistól az 1158. számú hadi állománytábla alapján a 14., 16., 24. páncéloshadosztályok páncélosezredeinek III. páncélosztályát rohamlövegekkel kellett felszerelni. Ekképp a III. (rohamlöveg-) páncélososztály 4 százada egyenként 22 löveget számlált; a 4 szakasz egyenként 5-öt, valamint a századtörzsben 2 löveg volt. Ennek ellenére sokkal elterjedtebb volt a vegyes páncélososztály (két század rohamlöveg, két század közepes harckocsi). A Waffen-SS hadosztályaiban változó állománytáblával alkalmazták a rohamlövegeket: (önálló) rohamlövegosztályként, vagy a páncélosezredek állományában, vagy éppen a páncélvadászosztályokban vetették be őket.

1943 márciusától az Alkett megkezdte a rohamtarackok sorozatgyártását, hogy a rohamtüzérség eredeti rendeltetését is elláthassa. Azonban ezek száma az év során egyre csökkent, s szinte mindvégig 100 alatt maradt. Rohamtarackokat a csapatok főként a rohamágyúk pótlására kaptak.

A rohamlövegek fegyverzete megfelelőnek bizonyult a harcfeladatok sikeres végrehajtásához. Meglehetősen sok rövid csövű rohamlöveg szolgált még a fronton, s ezek a gyengébb tulajdonságú lövegek ellenére is sikeresek maradtak, köszönhetően a harckiképzésnek, a kumulatív gránát használatának és az egyre gyengébb minőségű szovjet páncélzatnak. Az év során megannyi jelentés készült a logisztikai hiányosságokról, amelyek arról számoltak be, hogy a csapatok nem kapnak megfelelő mennyiségű lőszert. Így a rohamlöveg-parancsnokok képzésének jelentősége még inkább megnőtt. A páncélvédettség elfogadható szinten maradt, azonban mindinkább előtérbe került a frontpáncélzat növelése.

Érdekes kitekintés, hogy a német vezetés – a mozgékonyság súlynövekedésből eredő csökkenése miatt – nem igazán engedte a védelem táborilag kivitelezett növelését. Pedig a szovjet kísérletek azt mutatták, hogy a 7,5 cm-es PaK 40 ágyúval szemben a frontpáncélra felhelyezett T–34 lánctalp közel 200 méter harctávolságnyi többletvédelmet biztosított (az átütés 900 méter helyett 1100 méteren történt meg). Ezért kérték is a szovjet gyáraktól, hogy szereljenek fel a harckocsikra lánctagtartókat. A német tábori megoldások közül a parancsnoki kupola megerősítése bizonyult a legfontosabbnak, mert annak védelme csekély volt. A gyárak 1943 szeptemberétől (Alkett, a MIAG decembertől) már így szállították a lövegeket. A mozgékonyság és a technikai kiszolgálás 1942-ben változatlan maradt. Az év végére számos tapasztalati jelentés született a rohamlövegek alkalmazásáról, amelyek többféle igényt fogalmaztak meg a gyárak felé. Ezekre megannyi megoldás született, azonban a tűzerőn és a védettségen – a harcjármű alvázának és motortartalékának lehetőségei miatt – nem tudtak javítani.

1944-ben immáron a Vörös Hadsereg kezébe került a hadászati kezdeményezés, s a német haderő – velük a rohamlövegek is – csupán aktív védelmi harcot folytathatott a háború végéig. 1944. január 1-jén 40 rohamlövegosztály harcolt a keleti fronton, 659 bevethető rohamlöveggel. A keleti fronton a legfőbb feladat egyre inkább a páncélelhárítás volt, mindannak ellenére, hogy a rohamlövegek számos más célpontot (tüzérségi eszközöket, szállítójárműveket, élőerőt) is megsemmisítettek. Az eredményesebb alkalmazás érdekében 1944. február 1-jétől, a 446b számú hadi állománytáblával az OKH a rohamlövegosztályokat 45 harcjárműves dandárokká kívánta felfejleszteni. Megnevezésük ettől fogva rohamlövegdandár (Sturmgeschütz-Brigade) lett. Ennek értelmében a dandár törzsből (3 StuG. III) és 3 ütegből állt (ütegenként kettő szakaszban egyenként 4 StuG. III és egy szakaszban 4 StuH. 42, valamint az ütegparancsnoki osztagban 2 StuG. III). Ez a szervezési változás az osztályok jelentős részénél nem valósult meg.

A rohamlövegdandárok mellett egy másik szervezési forma is megjelent: a rohamtüzérdandár. 1944. február elején, a 448 számú hadi állománytáblával néhány rohamlövegosztály kapott egy (4.) kísérő gránátos-üteget. Ezt az üteget parancsnoki osztag, málhaoszlop, három gépkocsizó gránátos-szakasz és egy utászszakasz alkotta, amelyek feladata a rohamlövegek ellenséges páncélromboló gyalogság elleni közelbiztosítása, és a páncéltörő fegyverek felderítése volt. E rohamlövegosztályokat ettől kezdve rohamtüzérdandárnak (Sturmartillerie-Brigade) hívták. Három ilyen alakulat két további üteget is kapott, bennük 14-14 Panzer II könnyűharckocsival.

A harcvezetés a megváltozott állománytáblával együtt kibővült. Immáron a kísérőgránátosok harcfeladatát is a rohamtüzér csapattestek parancsnokai határozták meg, ami igen nagy körültekintést kívánt. A 7,5 cm-es, L/48 csőhosszúságú löveg – megfelelő harcászati helyzetben – még sikeresen alkalmazható volt, de az új szovjet páncélos technika megjelenésével – figyelembe véve a rohamlövegek páncélvédettségét – egyre kisebb hatásfokkal működött. A mozgékonyság – főként a megnövelt páncélvédelmű eszközöknél – tovább csökkent. A dandároknak 3 mélyrakodó utánfutó állt a rendelkezésükre, s ezek a mindinkább emelkedő veszteségek mellett folyamatosan használatban is voltak. A technikai kiszolgálás segítése érdekében a gyárak 1944 májusától a küzdőtér tetőpáncélzatára 3, később 5 darab felfogatási pontot tettek a tábori körülmények között is használható daruknak.

1944 végéig a rohamtüzérek már számos esetben bizonyították rátermettségüket, hiszen a rendszerbe állításuktól 1944 júniusáig 20 ezer harckocsit lőttek ki.

A következő részben a keleti front utolsó évét, valamint az itáliai és a nyugati front harcászati tapasztalatait elemezzük.

A képaláírásokban olvasható, a rohamlövegek gyártására vonatkozó adatok sorrendben a következőek: gyártó cég, gyártás becsült ideje (gyártási év, hónaptól hónapig tartó időszak).

Pánczél Mátyás

INTRODUCTION

In this volume of our Sturmgeschütz III photomonographie-series we are going to describe the battlefield experiences of the Eastern Front between 1942-1944.

In The Soviet theater of operations, tasks for assault gun crews in 1942, remained basically the same, direct fire support for the Infantry (eg; against strong points, urban warfare and during reconnaissance missions), but as the fighting became more intense, the operational requirement for assault guns became more varied. In addition, the proportion of anti-tank operations increased significantly. At the end of 1941, the Ausf E version was released, this version had increased space inside the crew compartment which allowed the vehicle to carry extra radio sets so the assault gun could be used as a command vehicle. This version was already mounted with more reliable long-range radios, especially for the use by commanders. For more effective command and control, the staff of the headquarters were substantially expanded due to the appearance of the No.416 wartime organization table (KStN. 416) valid from 1 November 1942. Although the Sturmgeschütz-Abteilungen were fighting generally under the subordination of different commands in a supporting role, their Headquartes was even capable of leading a combined battle group. In November 1942 (due to No.446a wartime organization table) the armour roster of the Sturmgeschütz-Abteilung were increased so it contained 31 assault guns (3 platoons / one battery consisted of 3 guns + 1 commander's gun, one Abteilung consisted of 3 Batteries + 1 commander's gun). This organization remained uncharged until the end of the war, but with the reorganized Sturmgeschütz- and Sturmartillerie-Brigades the number of armored vehicles was theoretically increased to 45. In 1942 the main armament of the assault gun was a mounted 7.5cm L/24 calibre gun, but in April 1942 the Ausf. F was released, which had a long barrelled 7.5cm L/43 gun. The "Grossdeutschland" Sturmgeschütz-Abteilung was one of the first units to receive these new guns. The L/43 calibre gun provided the assault guns with effective firepower against Soviet tanks up to a range of 900-1200 meters, and from June 1942 the 7.5cm L/48 calibre guns were mounted in the fighting vehicle. The latter had better ballistic properties: better stability, lower trajectory, better armor-piercing capability. Although in case of Ausf. E the ammunition was increased to 50 rounds of ammunition, the Ausf. F decreased to 44 rounds of ammunition (the crew compartment remained the same but started to use the bigger (75 x 495R) ammunition). The Ausf. F/8 version, the ammunition storage capacity was increased to 54 rounds of ammunition. The Ausf. F/8 was introduced from September 1942 onwards and a had a redesigned superstructure - as in case of the Ausf. G as well, which appeared from December 1942. Because of the larger gun and ammunition storage capacity inside the Ausf. F/8 version, movement inside the fighting compartment for the crew was strongly reduced.

This could only be solved by redesigning the hull and superstructure, which resulted in changes to the armour also. The Ausf. G version got a completely new redesigned hull and superstructure, which remained (with minor changes) until the end of the war. The assault guns' protection was acceptable partly as they had 80 mm frontal armour (first welded, later bolted), which was basically enough protection against the guns firing from a longer range. But the 30 mm side armour proved to be insufficient. A lot of the assault gun crews tried to increase the armour protection in different ways. Despite the increased weight, the mobility stayed more or less the same. But during the winter assault guns had limited maneuverability due engine cooling problems and chassis deficiencies. For improvement the troops were given special Winterkette (winter track) from winter of 1942/1943. Due to the already mentioned No.446a wartime organization table the assault gun batteries received Sd.Ah. 116 flatbed trailer, which - considering the 10 guns per batterie - proved to be not enough. Nevertheless, as per Sturmgeschütz-Abteilungs (KStN. 558a) only two of these trailers were standard issue. In addition they had less and less time for technical service during ongoing offensive operations, and - as many photos also reveal - the crew themselves had to solve the transport of equipment and supplies necessary for the service of the assault gun itself in most cases.

In 1943 three major events occurred which brought about significant changes for Germany in the way the war was conducted, although Germany gave up the African theater of war, the other two events - the disaster at Stalingrad and the failed offensive operation at Kursk - were much more significant. In 1943 the task of the Sturmartillerie was significantly expanded. The direct fire support role for the infantry was almost just a secondary task by then, the assault guns were used more like mobile anti-tank reserve, (tank hunting), flank-secutity and tactical reserve. The Sturmartillerie became one of the most successful branches of the Armed Forces on the Eastern Front. As far as the leadership was concerned, nothing changed. Due to their greater importance on the Eastern Front they increased the number of assault guns. While at the beginning of 1943 - because of losses – an insignificant amount of assault guns were available, in the middle of the year 1000, by the end of the year around 1200 assault guns were in action. On the other hand the disproportion between armored losses and factory production became bigger and bigger. Because of this, due to General Heinz Guderian (Inspector General of Armoured Troops) order, the III. Panzer-Abteilung of the 14., 16., 24. Panzer-Division's Panzer-Regiments, had to be equipped with assault guns from April 1943 (due to No. 1158 wartime organization table). As a result each 4 companies of the III. (Sturmgeschütz) Panzer-Abteilung had 22 guns; each of 4 platoons with 5 guns and 2 guns in the company Headquarters section. Nevertheless, the mixed

Panzer-Abteilung was much more general (two companies of assault guns, two companies of tanks). In the divisions of the Waffen-SS the assault guns were used by different organization orders: either as (independent) Sturmgeschütz-Abteilung or as part of a Panzer-Regiment or as part of Panzerjäger-Abteilung.

From March 1943 Alkett started the series production of the assault howitzer in order to fulfill the original function of the Sturmartillerie. But their number gradually decreased during the year, and stayed under 100 nearly all the time. The troops received assault howitzers mainly as replacement for the Sturmgeschütz.

The assault guns' armament proved to be adequate for successful combat tasks. Quite a lot of short-barreled assault guns had served at the front, and they remained quite successful despite the weaker gun, this was due to training, the use of cumulative grenades and the increasingly poor quality of Soviet armor. During the year plenty of reports were made about logistical shortcomings, which reported that the troops were not getting enough ammunition. Thus, the importance of assault gun commanders' training increased even more. The armour protection remained at an acceptable level, however, it became a priority to increase the front armour. Due to the increased weight the mobility decreased, the German leadership didn't really allow extra defensive measures by the troops. Yet Soviet experiments showed that against the 7.5 cm PaK 40 gun the T-34 tracks added to the front armour gave additional 200 meters of protection (the penetration was reached at 1100 meters instead of 900 meters). Therefore Soviet factories were ordered to fit track link holders on the tanks. Regarding German field modifications, the strengthening of the commander's cupola proved to be the most important, because it had little protection. From the autumn of 1943 the factories began delivering assault guns with this modification (Alkett from September, the MIAG from December). The mobility and technical services remained the same as in 1942. By the end of the year many experimental reports were made on the use of assault guns, which formulated several demands from the factories. Many solutions were found, but they couldn't improve firepower and protection because of the limits of the fighting vehicle's chassis and the engine's efficiency. In 1944 the strategic initiative was already in the hands of the Red Army, and the German Armed Forces - so the assault guns too - were forced in to a defensive role until the end of the war. On 1 January 1944 40 Sturmgeschütz-Abteilungen were fighting on the Eastern Front, with 659 assault guns in service. On the Eastern Front the main task became that of tank hunter, in spite of the fact that the assault guns destroyed several other targets also (artillery pieces, transport vehicles, manpower). For more efficient use starting from 1 February 1944, the German leadership wished to develop the Sturmgeschütz-Abteilungen into Brigades with 45 assault guns each (due to the No. 446b wartime organization table). From this point on they were called Sturmgeschütz-Brigade. Accordingly, the Sturmgeschutz Brigade consisted of a staff headquarter with 3 Stug III and three batteries. A Batterie consisted of three platoons: two of the platoons were equipped with 4 Stug III and one platoon with 4 StuH 42, the batterie headquarters section had 2 Stug III. This organizational change never happened with most of the Abteilungen. In addition to the Sturmgesütz-Brigade another form of organization was released: the Sturmartillerie-Brigades. At the beginning of February 1944, with the appearance of the No. 448 wartime organization table a few Sturmgeschütz-Abteilung received one (4.) Begleit-Grenadier-Batterie (escort grenadier battery). This battery consisted of a Staff Headquarter, baggage-train, three platoons of (motorized) grenadiers and a platoon of combat engineers. Their task was to provide close-defence for the assault guns against the enemy's anti-tank teams and the detection of anti-tank weapons. From this point these assault gun battalions were called assault gun brigades (Sturmartillerie-Brigade). Three of these units also received two additional batteries, they contained 14 Panzer II light tanks. The tasks of the leadership expanded with the changes of the wartime organization table. Now the commander of the Sturmgeschütz-unit had the responsibility of organizing the grenadiers tasks, which required great deal of care. The 7.5cm L/48 calibre gun could still be used successfully in suitable tactical situations, but with the appearance of the new Soviet armored technique - considering the protection of armored assault guns - it became less efficient. The mobility - especially in the case of assault guns with increased armour - continued to decline. The Brigades had 3 trailers, and they were constantly used more and more as losses became bigger and bigger. To assist with repairs and technical services, starting from May 1944 the factories put three, later five lifting hooks on the fighting compartment's roof armour for the cranes which were used to conduct repairs under field conditions.

Until the end of 1944 the Sturmartillerie proved their suitability in many areas, since they knocked out 20,000 tanks from their first baptism of fire until June 1944.

In the next part we will analyze the last year on the Eastern Front, and the battlefield experiences on the Italian and Western Fronts.

Data and production of the assault guns in the captions are in the following order: company name, estimated date of manufacture (year of manufacture, production period month-month).

Mátyás Pánczél

A Sturmbatterie 640 (640. rohamüteg) 12-es harcászati azonosító számú, páncélszürke barna terepszínre festett StuG. III Ausf. A-ja (Daimler-Benz, 1940. 01-04.) a német-luxemburgi határnál, 1940. május 10-én. Az 1939. november 1-jén kiadott 445. számú hadi állománytábla alapján felállított üteg volt az első (önálló) rohamlöveg-alakulat, amely a francia hadjárat alatt kiválóan harcolt (1 fő tiszti és 15 fő altiszti/legénységi állományú katonát veszített).

StuG. III Ausf. A (Daimler-Benz, 01-04. 1940) from Sturmbatterie 640 at the German-Luxemburg border, 10.05. 1940. The Sturmbatterie 640 was the first (independent) assault gun unit which was created according to the Organization Table No.445 (issued on 1 November 1939). The unit fought excellently during the French campaign (lost 1 officer and 15 NCO/soldier).

Péter Kocsis Collection

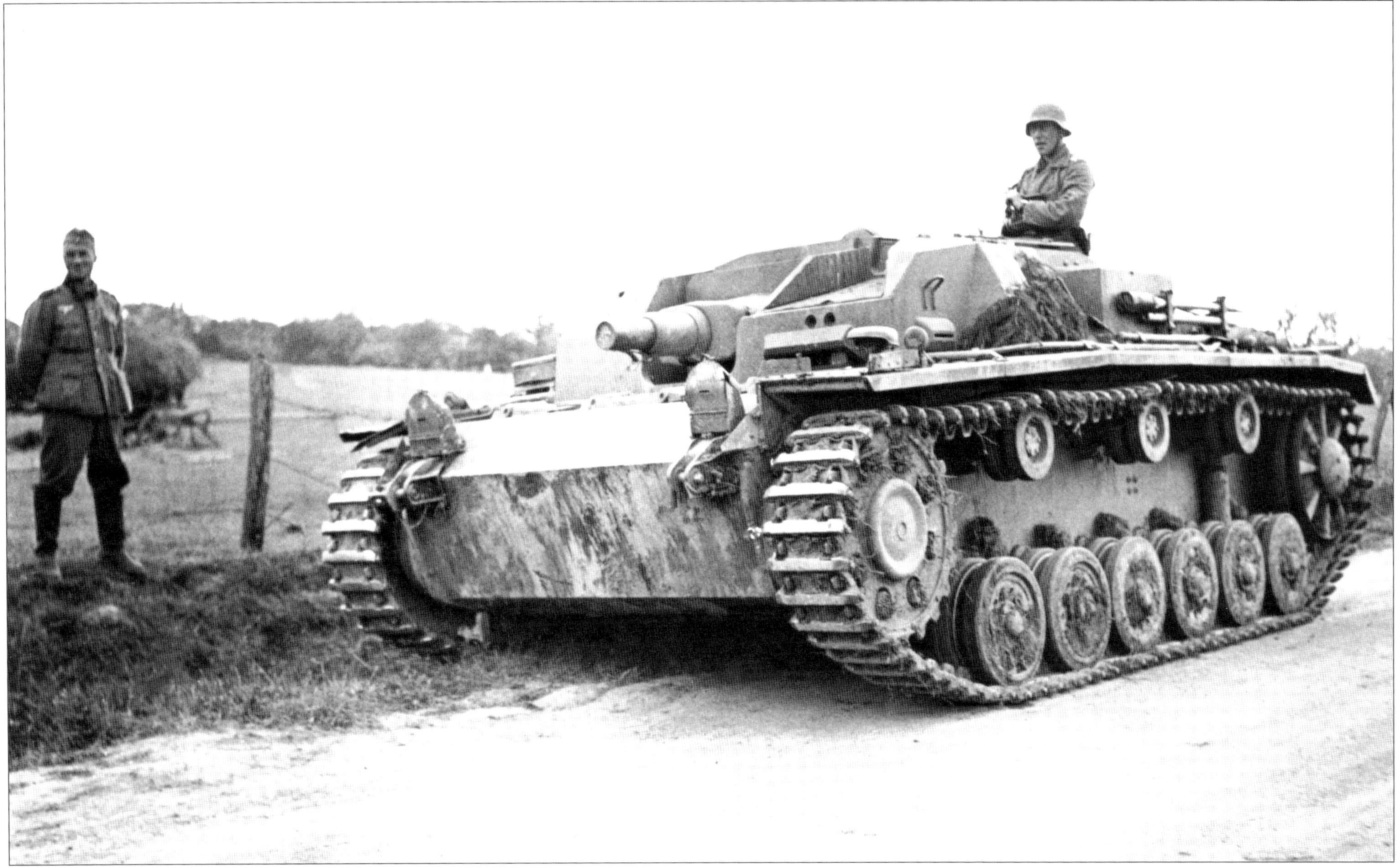

Az altípus jegyei és a felségjel alapján feltehetően a 665. rohamüteg StuG. III Ausf. A (Daimler-Benz, 1940. 01-05.) rohamlövege francia területen, 1940-ben. A 665. rohamüteg a nyugati hadjárat második felében kapcsolódott be a harcokba, ahol a Vogézekben található francia erődrendszer felszámolásában igen sikeresen vett részt. A képen látható löveg első két futógörgőjét már lecserélték a szélesebb (520x95) változatra.

According to the subversion's marks and the Balkenkreuz, this StuG. III Ausf. A (Daimler-Benz, 01-05. 1940) belonged to the Sturmgeschütz-Batterie 665 in France, 1940. The battery joined the fighting during the second half of the Western Campaign, and took part successfully in the liquidation of the French fortress system in the Vosges. Two road wheels of this assault gun has already been changed into the wider (520 x 95) version.

A következő két felvételen a Sturmgeschütz-Abteilung 185 (185. rohamlövegosztály) harcjárműveit láthatjuk. Az 1941. április 18-án kiadott 446. számú hadi állománytábla alapján a 18 löveges osztályok három, egyenként 6 rohamlöveget számláló ütegből álltak. Gyakran láthatjuk, hogy az egyes ütegek rohamlövegeit az ábécé betűivel látták el, A-tól F-ig. A képen az első üteg (jele fehér kör) második StuG. III Ausf. B-je (Alkett, 1940. 09.–1941. 03.) látható a „Barbarossa" hadművelet idején.

On the next two photgraphs we will see the combat vehicles of Sturmgeschütz-Abteilung 185. According to the Organization Table No. 446 (issued on April 18, 1941) each Abteilung had 18 assault guns in three batteries (6 in each). Some of the assault guns of the batteries were marked with letters of the alphabet, from A to F. Here you can see the first battery's (white circle on the fender) second StuG. III Ausf. B (Alkett, 09.1940-03.1941) during Operation "Barbarossa".

Szintén az első üteg állományában lévő, hatodik StuG. III Ausf. B (Alkett, 1940. 09.–1941. 03.) rohamlöveg a „Barbarossa" hadművelet alatt. A szovjet Vörös Hadsereggel történő első harcokat követően bebizonyosodott, hogy a rohamlövegek addigi 44 darabos lőszerkészlete – a szovjet célok mennyisége, a harcok hevessége és a megnyúlt utánpótlási vonalak miatt – nem elegendő.

The sixth StuG. III Ausf. B assault gun (Alkett, 09.1940-03.1941) also of the first battery during Operation "Barbarossa". After the first clashes with the Soviet Red Army it became clear that the 44-rounds of ammunition carried by the assault guns - because of the several Soviet targets, the intense of the battles and the streched supply lines - was not enough.

A következő négy felvételen a 190. rohamlövegosztály vasúti be- és kirakodását kísérhetjük figyelemmel. Az osztály a balkáni hadjárat előkészületeként, 1941. január 7-én indult Belfort (Franciaország) állomásról, majd Németország, Ausztria és Magyarország érintésével 1941. január 15-én rakodott ki Balaciban (Románia). A képen az egyik üteg első StuG. III Ausf. B-je (Alkett, 1940. 06.–1940. 12.) látható.

On the next four pictures the rail loading and -unloading of Sturmgeschütz-Abteilung 190 can be followed with attention. The Abteilung was loaded on 7 January, 1941 from Belfort station (France), and travelled across Germany, Austria and Hungary and arrived at Balaci (Romania) on the 15 January, 1941 - In preparation for the Balkan campaign. On this picture one of the batteries' first StuG. III Ausf. B (Alkett, 06.1940-12.1940) is shown.

Ugyanezen a rohamlövegen érdekes a felépítményt takaró ponyva. Hiszen mindannak ellenére, hogy rendszeresítették, s a por ellen is igen hatásos volt, nem sűrűn látható a fényképeken. A vasúti be- és kirakodás nagyfokú figyelmet követelt a vezetőtől, illetve a be- és kirakodást irányítótól. Kiváló képzettséget követelő mozzanat volt, hiszen jól látható, hogy a rohamlöveg lánctalpai mindkét oldalon túllógnak a vagonon, egy kis hiba is balesethez vezethetett!

The same assault gun with tarpaulin on the superstructure. It is only rarely seen on pictures, in spite of the fact that it was a regular item, and it was very effective against dust. The driver and the loading Officer had to pay close attention during the rail loading and -unloading. They had to be perfectly trained as the smallest mistake could lead to an accident. See that the tracks are overhanging the flatbed car on both sides.

Az egyik üteg negyedik StuG. III Ausf. B (Alkett, 1940. 06.–1940. 12.) rohamlövege a kirakodás során. Feltételezhető, hogy a harcjárművek téli alkalmazásra történő átállása még Franciaországban, kedvezőbb időjárás közepette megtörtént. Annyi bizonyos, hogy az osztály parancsnoka – Hans-Joachim Haupt alezredes – a megérkezést követően intézkedett a tartalék alkatrészek beszerzésére.

The fourth StuG. III Ausf. B (Alkett, 06.1940-12.1940) assault gun from one of the batteries during unloading. The vehicles were probably prepared for winter warefare already in France, in better weather conditions. What is certain is that the battalion commander - Lieutenant-Colonel Hans-Joachim Haupt - made arrangements on arrival for the purchase of spare parts.

A három üteg egyikének hatodik StuG. III Ausf. B (Alkett, 1940.06.–1940.12.) rohamlövege hajt a rámpára. A 190. rohamlövegosztály derekasan harcolt a balkáni hadjáratban, s ugyancsak eredményes volt a Szovjetunióban is. 1941 szeptemberéig 45 harckocsit, 11 bunkert, 334 különböző tüzérségi eszközt, 265 egyéb járművet és 2 repülőgépet (!) semmisített meg. Érdekes adalék, hogy mindeközben az osztály 15 716 darab 7,5cm-es ágyúlőszert használt fel.

The sixth StuG. III Ausf. B (Alkett, 06.1940-12.1940) assault gun from one of the three batteries driving up on to the ramp. The Sturmgeschütz-Abteilung 190 bravely fought in the Balkan campaign, and was also successful in the Soviet Union. Until September 1941 they destroyed 45 tanks, 11 bunkers, 334 different artillery pieces, 265 other vehicles and two planes (!). Interesting data that the Abteilung used 15 716 pieces of 7.5 cm ammunition for this.

A 190. rohamlövegosztály második ütegének egyik sérült, korai meghajtógörgővel szerelt StuG. III Ausf. B-je (Alkett, 1940. 06.–1941. 03.), valahol a Krím-félszigeten, 1942. május 25-én. Valószínűleg a Krím elleni hadműveletek során sérült meg, ahol Szimferopolban az osztály hat új, hosszú csövű löveggel szerelt (feltehetően korai Ausf. F) rohamlöveget kapott, így 6 rövid csövű rohamlövegét át kellett adnia a 197. rohamlövegosztálynak.

A damaged StuG. III Ausf.B (Alkett, 06.1940–03.1941) from Sturmgeschütz-Abteilung 190 2nd Battery with the early sprocket wheel, somewhere in the Crimea on the 25 May, 1942. It was damaged probably during the operations in the Crimea. In Simferopol the Abteilung received six brand new assault guns with the long barrel (probably early StuG. III Ausf.F) so they had to hand over six assault guns with the short barrel to the Sturmgeschütz-Abteilung 197.

A Gebirgsjäger-Regiment 100 (100. hegyivadász ezred) harcosai pózolnak Kulatában (Bulgária), nagy valószínűséggel a 191. rohamlövegosztály rohamtüzéreivel egy StuG. III Ausf. B (Alkett, 1940. 06.–1941. 03.) mellett, 1941. április 10-én. Nagyon érdekes a rohamlöveg álcája: az eredeti páncélszürke színre a kezelők sárral készítették a terepmintákat, meghagyva a német felségjelet, a nagyméretű hasábkeresztet.

Soldiers from Gebirgsjäger-Regiment 100 posing in Kulata (Bulgaria) probably with the soldiers of the Sturmgeschütz-Abteilung 191 next to a StuG. III Ausf. B (Alkett, 06.1940-03.1941) on 10 April, 1941. The camouflage of the assault gun is very interesting: the crew made the scheme with mud on the original panzer-grey colour, leaving out the German Balkenkreuz.

A 191. rohamlövegosztály egyik súlyosan sérült StuG. III Ausf. B-je (Alkett, 1940. 06-09.), valahol a mai Észak-Ukrajnában, 1941 nyarán. Amennyiben a jobb első fele nem égett ki – bármennyire is hihetetlennek tűnhet – ipari kapacitással rendelkező javítóbázison, nagyjavítással még harcképessé tehették a rohamlöveget. Az osztály teljesítményét jól tükrözi, hogy parancsnoka, Günther Hoffmann Schönborn őrnagy volt az első rohamtüzér, aki a Vaskereszt lovagkeresztjéhez megkapta a tölgyfalombokat.

A heavily damaged StuG. III Ausf. B (Alkett, 06-09. 0940) from Sturmgeschütz-Abteilung 191 somewhere in the Northern Ukraine, during the summer of 1941. It may seem impossible but if the right front of the vehicle didn't burn out, it still could be repaired in a maintenance workshop which had an industrial capacity. The Abteilung's performance is perfectly reflected by the fact that their commander, Major Günther Hoffmann Schönborn was the first Sturmartillerieman to receive the Oak Leaves to his Knight Cross of the Iron Cross.

A 192. rohamlövegosztály, feltehetően 2. üteg 3. szakaszának StuG. III Ausf. B (Alkett, 1940. 06.–1941. 03.) rohamlövegei lengyel területen, a „Barbarossa" hadművelet előtti időszakban. Mivel a harcjárműveken nincs semmilyen – az osztályra jellemző – tábori kiegészítés (kiegészítő favédelem, lánctagokkal megerősített homlokpáncélzat, géppuskatartó a töltőkezelőnek, stb.), ezért keltezhető a fotó a szovjet hadjárat előtti időszakra.

StuG. III Ausf. Bs (Alkett, 06.1940–03.1941) of the Sturmgeschütz-Abteilung 192 (probably 2. Battery's 3. Platoon) in Polish territory, just before Operation "Barbarossa". As there aren't any field modifications carried out by the Abteilung (additional protection made of wood, front plate strengthened with spare track links, machinegun rack for the loader, etc.) this picture was taken supposingly before the Soviet campaign.

Péter Kocsis Collection

Ennek az igazán érdekes fényképnek az eredeti képaláírása szerint a felvétel 1941-ben készült Szerbiában. Amennyiben hihetünk a képaláírásnak – valamint tekintve a korai StuG. III Ausf. B (1940. 06-09.) altípust és a felségjelet, a számba vehető alakulatokat – a nagyjavítással javítható rohamlöveg a 197. rohamlövegosztály állományába tartozhatott. Mindezek mellett igen valószínű, hogy a képaláírás téves, s ez a kép a „Barbarossa" hadművelet első felében készült, az alakulat pedig ismeretlen.

This picture was taken in Serbia, 1941, according to the original caption. Considering the national emblem, the possible units and the fact that this is a StuG. III Ausf. B (06-09. 1940) this repairable assault gun could have belonged to Sturmgeschütz-Abteilung 197 - if the caption is correct. However it is more likely that the caption is wrong, and the picture was taken of an unknown unit's assault gun during the first half of Operation „Barbarossa".

A következő három felvételen a 226. rohamlövegosztály pillanatait láthatjuk a „Barbarossa" hadművelet első időszakában. Ezen a képen feltehetően az első üteg egyik StuG. III Ausf. B (Alkett, 1940. 06.–1941. 03.) rohamlövegét láthatjuk. Az alegység sikeresen harcolt a hadművelet kezdeti szakaszában a Bug folyónál, ahol számos bunkert semmisített meg. Jól látható a 11 megerődített támpont megsemmisítését jelző felfestés és a szovjet háború hatása: a sérült felépítmény, a pót futógörgők és az igénybevétel.

On the next three pictures we will see moments from the Sturmgeschütz-Abteilung 226's life in the first period of Operation "Barbarossa". This StuG. III Ausf. B (Alkett, 1940. 06.–1941. 03.) probably belonged to the 1. battery. The unit fought successfully in the first period of the operation at the River Bug, where they destroyed several bunkers. Clearly can be seen the killmarks of 11 bunkers and the effects of the Soviet war: damaged superstructure, spare roadwheels and a weary look.

Az előtérben az első üteg harmadik szakaszának első StuG. III Ausf. B-je (Alkett, 1940. 09.–1941. 03.), háttérben a második StuG. III Ausf. B (Alkett, 1940. 06.–1941. 03.) beosztott rohamlövege látható a Szovjetunióban, 1941 nyarán. Érdekes a jobb sárvédőn lévő szerszámláda, amely nincs megemelve. Jól megfigyelhető a sárvédő rögzítése is. A felépítmény tetőpáncélzatán lévő zászló – a Luftwaffe légifölénye miatt – ugyancsak hasznos eleme volt a felszerelésnek.

In the foreground the 1st, while in the background the 2nd StuG. III Ausf. B (Alkett, 09. 1940 – 03. 1941) of the 1. battery's 3. platoon can be seen in the Soviet Union, summer 1941. Note the toolbox on the right mudguard: it's placed directly on the fender. The fixing of the mudguard is clearly seen, as well. The flag over the roof plate proved to be useful because of the air superiority of the Luftwaffe.

Az előbbi képen már megismert első üteg harmadik szakaszának második StuG. III Ausf. B (Alkett, 1940. 06.–1941. 03.) rohamlövege látható, amint műszaki mentésre vár. Megfelelő vontató hiányában a rohamlövegek egymáson segítettek. Az elhúzódó harcok, a megnyúlt utánpótlási vonalak átalakították a kezelőszemélyzetek napi feladatait is. A motortér tetőpáncélzatán megfigyelhetőek az addig nem látott, nagyméretű faládák a málha és a kiszolgáláshoz szükséges eszközök tárolására.

The 2nd StuG. III Ausf. B (Alkett, 06. 1940 – 03. 1941) of the 1. battery's 3. platoon waiting for recovery. In absence of appropriate recovery vehicle, the assault guns helped each other. The proctracted fightings and the lenghtened supply routes changed the daily tasks of the crews. They started to use large wooden boxes on the engine deck for stocking baggages and the needed tools.

Feltehetően a Sturmgeschütz-Abteilung 243 egyik StuG. III Ausf. B (Alkett, 1940. 06.–1941. 03.) rohamlövege 1941. június 22-én, Rava-Ruszkában. Látszik, hogy a „Barbarossa" hadművelet kezdő napján készült a felvétel: a löveg sárvédőin kívül más nem igazán sérült, illetve komoly igénybevételről sem árulkodik. Emellett a kezelőszemélyzet nem törekedett a plusz védelemre. A kép elkészültéig biztosan nem találkoztak szovjet páncéltörő tüzérekkel…

Probably one of the Sturmgeschütz-Abteilung 243's StuG. III Ausf. B (Alkett, 1940. 06.–1941. 03.) assault guns on 22 June 1941 in Rava-Ruska. It looks that the photo was taken on the first day of Operation "Barbarossa": apart from the mudguard no other parts look damaged and it doesn't show serious stresses. Besides the crew didn't put any extra defenses on it. They surely haven't met the Soviets yet…

A Sturmgeschütz-Abteilung 243 első ütegének egyik, nagy valószínűség szerint nagyjavítással javítható sérüléseket szerzett StuG. III Ausf. B (Alkett, 1940. 09.–1941. 03.) rohamlövege a mai Ukrajna területén, 1941-ben. Jól megfigyelhető a futómű: a görgők felfüggesztése, csavarozása, és további érdekesség a középső visszafutó görgő belső kialakítása és a rádióantenna tartószerkezete, amely kései változatra utal.

A StuG. III Ausf. B (Alkett, 09. 1940 – 03. 1941) of the Sturmgeschütz-Abteliung 243's first battery in the Ukraine, 1941. This assault gun had to be sent to a long term repair probably. We have a good view of the running gear: the suspension system of the road wheels, the bolts, and the inner side of the middle return roller. The basement of the aerial referring to a late version.

Szintén a Sturmgeschütz-Abteilung 243, de itt a harmadik üteg egyik StuG. III Ausf. B-je (Alkett, 1940. 06.–1941. 03.) várja a továbbszállítását egy Sd.Ah. 116 mélyrakodó utánfutón, az ukrán Tarnopolban, 1941-ben. Érdemes megfigyelni a rohamlövegre festett „C" harcászati azonosítókat, amelyek segítséget adtak az ütegparancsnoknak a lövegek harcának vezetésekor.

StuG. III Ausf. B (Alkett, 1940. 06.–1941. 03.) also from Sturmgeschütz-Abteilung 243 but of the third battalion in Tarnopol (Ukraine), 1941 - waiting for the recovery on a Sd.Ah.116 trailer. Note the letter "C" tactical sign painted on the assault gun which helped the commander to control the engagement.

Ez az árokba szaladt StuG. III Ausf. B (Alkett, 1940. 06–09.) minden bizonnyal a Sturmgeschütz-Abteilung 244 harceszköze lehet. Számos érdekesség látható a rohamlövegen: mindkét hátsó tároló doboz (ami a korai gyártásra utal), a motortér tetőpáncélzatán lévő kiegészítők, a takarók a löveg porvédelmére, az egyedi fényszóróvédők és az immáron a páncélvédelmet növelő, a test elülső részére feltett lánctagok, amik a futómű sérülésénél a csereanyagot is biztosították.

This StuG. III Ausf. B (Alkett, 06-09. 1940) which ran into a ditch most probably belonged to the Sturmgeschütz-Abteilung 244. There are a lot of interesting features on this assault gun: the two storege boxes (which refers to the early production), the accesorries on the engine deck, the tarpaulin on the mantlet, the peculiar grids over the headlamps and the spare track links on the front bow as additional protection (also used as an exchange material in case of battle damage).

A „Reich" SS-hadosztály 2. SS-rohamlöveg-ütegének StuG. III Ausf. B-je (Alkett, 1940. 06–09.) a Szovjetunióban, 1941. szeptember elején. A kezelők a hadosztály feltöltése alatt beszereztek néhány „házias jellegű" kiegészítő felszerelést, erre utal a motortér felett elhelyezett szék is. A parancsnok melletti páncélzaton a „DERFILINGER" (alatta kiegészítő) felirat olvasható, minden bizonnyal emlékül adózva valakinek.

StuG. III Ausf. B (Alkett, 06-09. 1940) from „Das Reich" SS-Division's 2. SS-Sturmgeschütz-batterie in the Soviet Union, at the beginning of September 1941. The crew collected a few additional „domestic" items during the resupply of the unit, like the chair put on the engine deck. The name „DERFILINGER" is written on the commander's side, probably in memory of someone.

Ismeretlen StuG. III Ausf. B (Alkett, 1940. 06.-1941. 03.) rohamlöveg Kirovográd (a mai Ukrajna) területén, 1941/42 telén. Érdekes a nagyméretű hasábkereszt a 9 mm-es, csavarozott, kiegészítő páncélzaton. Feltételezhető, hogy a jármű nem kisjavításra vár, inkább további rohamlövegek donorja lehet. Erre utalnak a nyitott, de hólepte nyílások.

Unknown StuG. III Ausf. B (Alkett, 06.1940-03.1941) assault gun in Kirovograd (today Ukraine) in the winter of 1941/42. Note the large Balkenkreuz on the bolted 9 mm thick additional armour. Supposingly the vehicle is rather a donor of other vehicles, than waiting for short term repair. The open, but snow-covered hatches give us this impression.

A következő két felvételen a német csapatok két StuG. III Ausf. C (Alkett, 1941. 03-05.) rohamlövege látható, amint egy sérült KV-1 (1940. évi változat, cseljabinszki gyártású LKZ) nehézharckocsi vontatását készítik elő. Az Ausf. C és D alváltozatokat külső jegyeik alapján igen nehéz megkülönböztetni egymástól. Itt segítséget nyújt az erőátviteli rész feletti szerelőnyílás, valamint a rádióantenna kialakítása.

On the next two pictures we can see two StuG. III Ausf. C (Alkett, 03-05. 1941), as being prepared for the recovery of a damaged KV-1 (Chelyabinsk,1940, LKZ) heavy tank. It is very difficult to identify the differences between an Ausf. C and D by the external signes. In this case the transmission's acces hatches and the aerial could help us.

Mindkét felvétel 1941. október 26-án készült Minszk területén. Jól látható a két rohamlöveg veterán jellege: a kezelőszemélyzet – a megnyúlt és szakadozott utánpótlás, illetve a folyamatosan mozgó frontvonal végett – a személyes és a technikai kiszolgáláshoz szükséges felszereléseit a rohamlövegeken szállítja. Emellett fokozottan ügyel az eső- és porvédelemre.

Both picture were taken in Minsk, 26. October 1941. Clearly can be seen that these are typical veteran vehicles: the crew - because of the slow and supply and the constantly moving frontline - carried their personal and technical equipments on the assault gun. Besides they took the utmost care for protection against dust and rain.

A következő négy felvételen egy érdekes képsort láthatunk a 189. rohamlövegosztály egyik StuG. III Ausf. D (Alkett, 1941.05-10.) lövegének és -talpának behelyezéséről és kiemeléséről. A cserére a löveg sérülése, avagy a 2000 lövéses élettartam elérése miatt kerülhetett sor, esetleg a motor és erőátviteli rész közötti kardántengely cseréje/javítása végett. Mindezeken túl jól megfigyelhető a háborús sérülések jellege, illetve a táborilag készített kiegészítő páncélzat tartóelemei.

The next four pictures show the gun being replaced from a Stug III Ausf D (Alkett 05-10.1941) from Sturmgeschutze Abteilung 189. The reason for the gun change, either it had reached the end of its service life of 2000 rounds of ammunition, or the gun had suffered some sort of damage. It's also possible that the drive shaft had to repaired or replaced. Also notice the brackets used to hold the spare track links.

A következő két felvételen a 68.-ként legyártott, a Sturmgeschütz Ersatz- und Ausbildungs-Abteilung 400 kötelékében lévő StuG. III Ausf. D (Alkett, 1941. 06-07.) látható Dániában, 1944-ben. A páncélsárga szín, valamint a szabályos – az Alkett gyárra jellemző – zimmerit alapján gyári nagyjavításon esett át, majd kiképzési feladatokra használták. Az altípus és a gyártás ideje könnyedén beazonosítható a felépítmény frontpáncélján olvasható „90668" alvázszámról.

The StuG. III Ausf. D (Alkett, 06-07. 1941) of Sturmgeschütz Ersatz- und Ausbildungs-Abteilung 400 seen on the next two pictures was the 68th in production. The picture was taken in Denmark, 1944. According to the dark yellow color and the regular - Alkett-style - scheme of the zimmerit, this assault gun underwent factory overhaul, and later it was used for training. Both the subversion and the production date can be easly identified by the chassis number seen on the front armor of the superstructure.

Szovjet katonák ülnek egy sérült StuG. III Ausf. E (Alkett, 1941. 10.-1942. 02.) rohamlövegen valahol a Szovjetunióban, 1942 nyarán. Mindannak ellenére, hogy a test frontpáncélján látható a 11 darab lánctagot befogadó tartóelem, nem biztos, hogy kései Ausf. E-ről van szó. A felvételen jól láthatók a meghajtó görgőt rögzítő csavarok.

Soviet soldiers sitting on a damaged StuG. III Ausf. E (Alkett, 10. 1941. – 02. 1942.) somewhere in the Soviet Union during summer 1942. Although there is the holder for the spare track links on the front bow (for 11 links) it's by no means certain that it is a late Ausf. E. The picture clearly shows the bolts of the sprocket wheel.

Ismeretlen StuG. III Ausf. E (Alkett, 1941. 10-11.) valahol a szovjet sztyeppén. A feltehetően végleges veszteségként elkönyvelt rohamlöveg tüzérségi találatot kaphatott. Érdekesek a motortér tetőpáncélzatán az első nyílásokra szerelt hengerek, amelyek nagy valószínűséggel tábori megoldásként a pót futógörgők tárolására szolgáltak.

Unknown StuG. III Ausf. E (Alkett, 10-11. 1941) somewhere on the soviet steppe. This vehicle was destroyed by heavy artillery fire and most probably became a total loss. Interesting to note the cylindrical rods on the engine deck which may have served as holders for the spare wheels.

Ismeretlen üteg, téli álcafestésű, első StuG. III Ausf. E (Alkett, 1941. 10-11.) rohamlövege. A csapatok kérésére 1941 novemberétől az Alkett gyárban kiegészítették az E altípusokat egy, a test frontpáncéljára szerelt lánctalptartóval (11 lánctag részére) és plusz futógörgő tartókkal a sárvédő hátsó részén. Itt a tábori megoldások láthatók.

This whitewashed StuG. III Ausf. E (Alkett, 10-11. 1940) is the 1st assault gun of an unknown Batterie. According to the troops' requirements from November 1941 the Alkett factory began to produce the E subversion with a spare track link holder on the front bow and additional spare road wheels on the back of the fender. But in this case the field modifications can be seen.

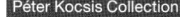

Péter Kocsis Collection

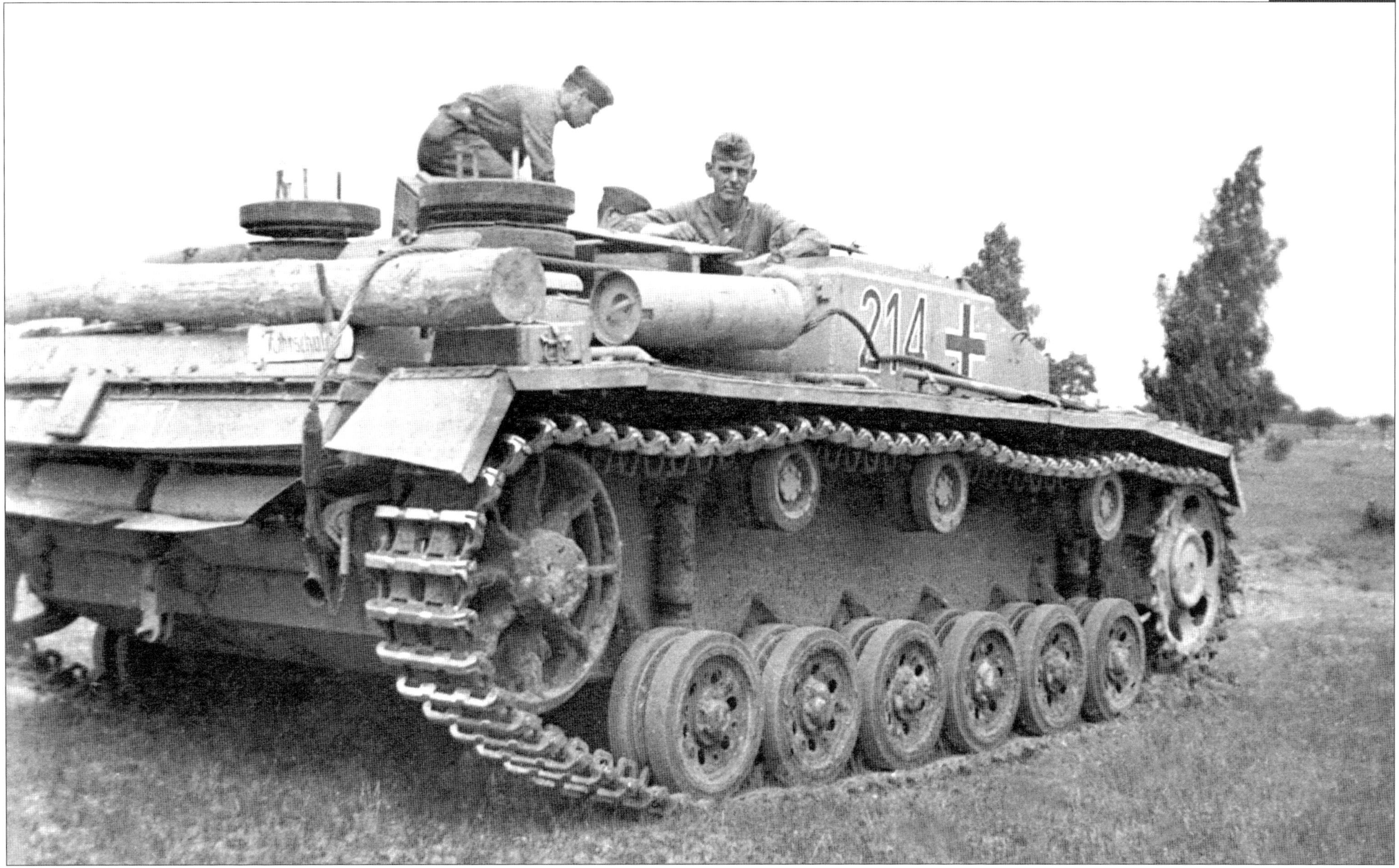

Kései gyártású, kiképző StuG. III Ausf. E (Alkett, 1941. 11.-1942. 02.) Iława (mai észak-közép Lengyelország, német nevén: Eylau) területén 1944 júliusában. A vezetőképzésre használt rohamlöveg érdekessége, hogy a motortér tetőpáncélzatán már az Ausf. F/8-tól bevezetett szellőzők láthatók. Figyeljük meg a farpáncélon a keretbe foglalt „F 5" jelölést, amely valószínűleg az 5. kiképző kocsit jelöli.

Late production of StuG. III Ausf. E (Alkett, 11. 1941 – 02. 1942) used for training in Iława (today North-mid of Poland) in July, 1944. This assault gun was used for driver training. Interesting features are the cooling fans on the engine deck which was used from version Ausf. F/8. Note the „F 5" on the backplate which probably means the 5th vehicle of the unit.

Ismeretlen StuG. III Ausf. F (L/43, Alkett, 1942. 05.). A beazonosításában és a gyártás idejében nagy segítséget jelent, hogy 1942 májusában egyszerűsítették a kiegészítő fényszórók kialakítását (egyetlen Notek lámpára), illetve júniustól már az L/48 csőhosszúságú lövegeket vezették be.

Unknown StuG. III Ausf. F (L/43, Alkett, 05. 1942). The most helpful identification sign is the headlight which was changed to a single Notek light in May 1942, and the fact that the L/48 caliber gun went into service from June.

Az utolsó szériában legyártott, L/43 csőhosszúságú löveggel szerelt StuG. III Ausf. F (Alkett, 1942. 05.). Alvázszáma (91148) alapján tudható, hogy ezt követően még négy darab L/43-as ágyús változatot állított elő az Alkett, azután már az L/48-ast építették be. Jól látható a küzdőtér emelt tetőpáncélzatára szerelt ventilátor.

StuG. III Ausf. F (Alkett, 05. 1942) with L/43 calibre gun, produced in the last series. According to the chassis number (91148), after this vehicle Alkett produced only four more assault guns with L/43 gun, all the others were armed with the longer L/48 calibre gun. Clearly seen is the raised fan on the roof plate.

Egyedülálló felvétel a Sturmgeschütz-Abteilung 202 egyik tüzelő StuG. III Ausf. F (Alkett, 1942. 02-08.) rohamlövegéről! Az osztály technikusait dicséri a tábori megoldásként feltett korai kötényezés, amelynek festése is tábori kivitelezésre utal. A dupla antenna parancsnoki kocsit sejtet. A háttérben egy StuG. III Ausf. G (Alkett, 1943. 06.) szintén tűzkiváltás közben.

Exceptional picture of a firing StuG. III Ausf. F (Alkett, 02-08. 1942) of Sturmgeschütz-Abteilung 202! The field-modified early style side skirts shows the skills of the technicians. The paint job was also made by the troops. The doubled aerial suggests a command vehicle. There is a StuG. III Ausf. G (Alkett, 06. 1943) also opening fire in the background.

Kopott téli álcafestésű StuG. III Ausf. F (L/48, Alkett, 1942. 06-08.) valahol a keleti-fronton, feltehetően 1942 őszén, vagy 1943 kora tavaszán. A védelem növelése érdekében 1942. július végétől bevezették a 30 mm-es, hegesztett rátétpáncélzatot. A telepakolt málhákon túl nem tudni, hogy a csupasz ágakat álcázás, avagy egy későbbi tűzrakás céljából tették a lövegre.

StuG. III Ausf. F (L/48, Alkett, 06-08. 1942) with worn whitewash, somewhere on the Eastern Front, autumn 1942 or early spring 1943. To increase the protection an additional 30 mm plate was welded to the front glacis from July 1942. Besides the fully packed baggages there are bare branches on the assault gun, which might have been collected for camouflaging or just making a fire later on.

A Sturmgeschütz-Brigade 904 egyik StuG. III Ausf. F (Alkett, 1942. 06-09.) rohamlövege, valahol Kelet-Poroszországban, 1944 nyarán. Mintha érződne a felvételen a szovjetek „Bagratyion" hadműveletének pusztító hatása: a löveget – a védelem fokozása érdekében – a felismerhetetlenségig telerakta a kezelőszemélyzete. A löveget utólagosan (táborilag) cserélték egy 1943. májusától bevezetett változatra.

A StuG. III Ausf. F (Alkett, 06-09. 1942) of Sturmgeschütz-Brigade 904 somewhere in East Prussia, summer 1944. We can almost feel the devastating effect of the Soviet operation „Bagration": the crew used every effort to increase the protection which made the vehicle completly unrecognizable. The main armament was changed subsequently in the field (into a new version which was used from May 1943).

Péter Kocsis Collection

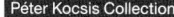

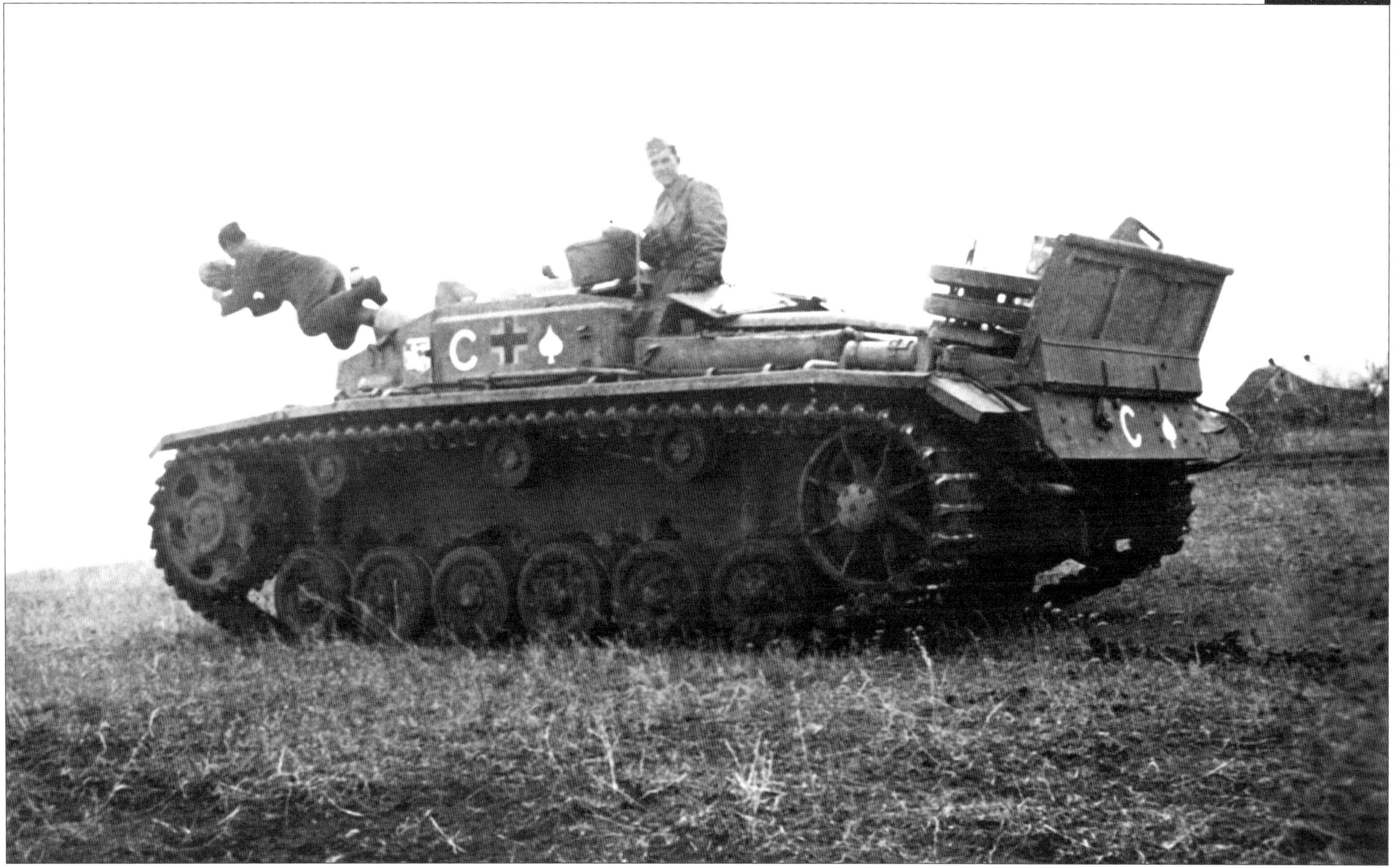

A Sturmgeschütz-Abteilung 243 egyik StuG. III Ausf. F/8 (Alkett, 1942. 09-10.) rohamlövegén az egyik kezelő a csőszájfék porvédőjének zsinórját húzza meg vagy köti ki. Érdekes a málhatartónak befogott bejárati ajtó és a „C" harcászati azonosító, ami szinte mit sem változott a keleti front megnyitása óta (lásd 26. oldali kép).

A crewman ties or unties the dust cover's rope of the muzzle brake on a StuG. III Ausf. F/8 Alkett, 09-10. 1942) of Sturmgeschütz-Abteilung 243. Interesting that a simple door of a house has been applied on the engine deck as a rack for the backpacks. The style of the letter „C" hasn't changed since the opening of the Eastern Front (see picture on page 26).

Téli álcafestéssel ellátott StuG. III Ausf. F/8 (Alkett, 1942. 09-10.). Jól látható a téli álca kialakítása, amely a test alsó frontpáncélján már csak részleges. A hideg miatt huzatot kapott a lövegpajzs, illetve a lánctagoknál előfordul a jégkarom betét is. Meglepő, de az álcafestés ellenére felvitték a „D" harcászati azonosítót is, ami az egyik üteg negyedik lövegére utalhat.

Whitewashed StuG. III Ausf. F/8 (Alkett, 09-10. 1942). The picture clearly shows the winter camouflage which only partially covers the lower hull. The gun mantlet got a tarpaulin against the cold and there are also a few ice cleats on the tracks. However the vehicle was whitewashed, they also painted the tactical sign "D" on it – it probably means the fourth gun of a battery.

A következő három felvételen a Sturmgeschütz-Abteilung 904 rohamlövegei láthatók Kurszk körzetében, 1943. február 22-én. A csapattest 1943 februárjában érkezett a keleti-frontra, az akkori legkorszerűbb eszközökkel, mint a képen látható, legkorábbi StuG. III Ausf. G (Alkett, 1942. 12.-1943. 01.). A teljesen átalakított felépítmény komfortosabb küzdőteret, a parancsnok új kupolát kapott, de nincs gyárilag épített, a töltőkezelő részére rendszeresített géppuskapajzs.

On the next three pictures we can see the assault guns of Sturmgeschütz-Abteilung 904 near Kursk, 22 February, 1943. The unit arrived to the Eastern Front in February 1943. with state of the art equipment, like the earliest StuG. III Ausf. G (Alkett, 12. 1942 – 01. 1943) seen on the picture. The completly redesigned superstructure had a more comfortable fighting compartment, the commander received a new cupola, but there is no shield for the loader's machine gun yet.

Figyeljük meg az előtérben lévő StuG. III Ausf. G (Alkett, 1943. 01-02.) és a háttérben lévő (az előző oldalon bemutatott) jármű löveg melletti homlokpáncélzatának dőlésszögei közötti különbséget! A hátsó a legkorábbi kialakítás, de a kedvezőbb ballisztikai tulajdonságok és a nagyobb belső tér miatt változtattak rajta. Jól látható a sárvédők közötti eltérés is.

In the foreground there is a StuG. III Ausf. G (Alkett 01-02. 1943) while in the background we meet again the vehicle from the previous picture. Notice the difference between the angles of the two assault guns' front armour next to the gun. The back one is the earliest version which was later changed for better ballistical protection and for more room inside. Note also the differences between the mudguards.

A legközelebbi StuG. III Ausf. G (Alkett, 1943. 01-02.) azonos altípusú a mellette állóval. Itt már megfigyelhető a géppuskapajzs és a vezető oldalsó prizmáját leváltó lövedékálló csap. További érdekesség, hogy a személyzet a már 80 mm-re növelt páncélzatot tovább erősítette lánctagokkal, de a vezető előtti páncélzatot – ami hamarosan gyárilag módosításra került – nem erősítették meg.

The two StuG. III Ausf. Gs (Alkett, 01-02. 1943) in the foreground are the same subversions. The shield of the loader's machine gun and the armoured plug which replaced the driver's side visor are clearly seen. The crew put spare track links on the already 80 mm armour as extra protection, but they didn't strengthened the driver's compartment (it was later strengthened during the production).

Ismeretlen StuG. III Ausf. G (Alkett, 1942. 12.-1943. 01.). A kezelők komoly figyelmet fordítottak az oldalsó védelem növelésére, ahova lánctalp darabot, illetve futógörgőt tettek. Kiválóan látható a legkorábbi Ausf. G-re jellemző ventilátor kialakítása a parancsnoki kupola mellett, amit a következő szériánál a küzdőtér farpáncélzatára helyeztek át.

Unknown StuG. III Ausf. G (Alkett, 12. 1942 – 01. 1943). The crew paid close attention to increase the side protection with spare track links and wheels. The fan beside of the commander's cupola can be perfectly seen - it was typical on the earliest Ausf. Gs. Later on in the next series it was moved to the backwall of the fighting compartment.

Teljesen kötényezett StuG. III Ausf. G (Alkett/MIAG, 1943. 02-04.), valahol szovjet területen, 1943 nyarán. A kezelőszemélyzet egy nagyméretű faládát „rendszeresített", amelybe a frontélet minden felszerelését bele tudták tenni.

StuG. III Ausf. G (Alkett/MIAG, 02-04. 1943) with full set of side skirts, somewhere in the Soviet Union, during the summer of 1943. The crew put in service a big wooden box for all the equipment they needed in the frontline.

A 2. „Das Reich" SS-páncélgránátos-hadosztály rohamlövegosztálya első ütegének StuG. III Ausf. G (Alkett, 1942. 12.-1943. 01.) lövege Kurszk térségében, 1943 nyarán. A rohamlöveg frontpáncélzatán jól kivehetőek a harcászati jelzések: a hadosztály-jelzés (balra) és az első ütegre utaló jelölés (jobbra). Feltehetően később kapta a kötényezését, mivel azt 1943. májustól kezdték a gyárak felszerelni.

StuG. III Ausf. G (Alkett, 12. 1942 – 01. 1943) of the 2. „Das Reich" SS-panzergrenadierdivision's Sturmgeschütz-Abteilung in the Kursk aera, summer 1943. Clearly seen the tactical markings on the front armour: the divisional sign (left side), and the code of the first battery (right side). The side skirts were mounted on the vehicle only later, as these items were applied in the factories only from May 1943.

Két StuG. III Ausf. G (MIAG, 1943. 03-04.) vontatásra előkészítés közben, valahol a Szovjetunióban. Érdekes, hogy a viszonylag kedvező időjárás ellenére mindkét rohamlövegen a téli jégkörmöket a lánctagokban hagyták. Az első löveg oldalpáncélján a „K", a másodikon „E" olvasható. Valószínű, hogy az előbbi parancsnoki kocsi, utóbbi az egyik üteg 6. lövege.

The crews preparing their Stug. III Ausf. Gs (MIAG, 03-04. 1943) for towing, somewhere in the Soviet Union. Interesting to note the ice cleats left on the tracks despite of the relatively good weather. The letter „K" on the first vehicle probably means commander (Kommandeur), while the „E" on the other may refers to the 6th place of the StuG. within the battery.

Ismeretlen StuG. III Ausf. G (Alkett, 1943. 01-02./MIAG, 1943. 03-04.) félig elmerülve egy szovjetunióbeli folyóban, feltehetően 1942/43 telén. Kiválóan látható a korai „G" szérián a küzdőtér tetőpáncélzata. Az első hónapi gyártást követően az Ausf. G-k ventilátora átkerült a tetőpáncélzatról a farpáncélzatra, illetve a töltőkezelő géppuskapajzsot kapott.

An unknown StuG. III Ausf. G (Alkett, 01-02. 1943/MIAG, 03-04. 1943) in the Soviet Union sunk into a river, probably during the winter of 1942/43. Thanks for the angle, we have an excellent view of the early Ausf. G's roof armour plate. After the first month of production the fan was replaced from the roof to the backwall, and the loader's machine gun received a shield.

Az 1. „Leibstandarte SS Adolf Hitler" SS-páncélgránátos-hadosztály rohamlövegosztálya első ütegének egyik StuG. III Ausf. G (Alkett/MIAG, 1943. 05-07.) rohamlövege a Szovjetunióban. Jól látható a vezető melletti lövedékálló csap kialakítása. Érdemes megfigyelni a kezelők ruházatát. A páncélos terepszínezését szinte bizonyosan tábori körülmények között kapta meg, csakúgy, mint a hátsó, nagyméretű tároló dobozát.

A StuG. III Ausf. G (Alkett/MIAG, 05-07. 1943) of the 1. „Leibstandarte SS Adolf Hitler" SS-Panzergrenadier-Division's Sturmgeschütz-Abteilung in the Soviet Union. We can see the design of the armoured plug on the driver's compartment. Note the clothes of the crew. Both the camouflage paint and the large box was made by the troops.

Ismeretlen StuG. III Ausf. G (Alkett/MIAG, 1943. 05-07.) valahol a keleti fronton. A löveg eltérő színe miatt következtetni lehet az ágyú cseréjére, vagy talán csak javították. Ritka felvétel, hogy a töltőkezelő búvónyílásában az irányzó (avagy egy potyautas) is feltűnik a rendszeresített kezelő mellett. A csere futógörgőkben jól látszanak a lánccsapok.

Unknown StuG. III Ausf. G (Alkett/MIAG, 05-07. 1943) somewhere on the Eastern Front. Considering the different colour of the gun tube, it has been either replaced or repaired. It's very rare that both the loader and the gunner (or a hitchhiker) can be seen in the loader hatch. There are track pins put into the spare wheel.

Feltehetően a 11. „Nordland" SS-páncélgránátos-hadosztály 11. SS-rohamlövegosztály egyik StuG. III Ausf. G-je (MIAG, 1943. 09-11.) halad valahol a Szovjetunió északnyugati részén, 1944 késő nyarán. Izgalmas a táborilag készített zimmerit, az oldalt látható levegőbeömlő rendszer dobja, valamint a békés idill, amit a parancsnok mögött ülő irányzó testesít meg.

A StuG. III Ausf. G (MIAG, 09-11. 1943) moving somewhere in the North-Western part of the Soviet Union, late summer 1944. The assault gun belonged most probably to the 11. „Nordland" SS-Panzergrenadier-Division's 11. SS-Sturmgeschütz-Abteilung. Interesting to note the field applied zimmerit, the air intake system's drum on the side and the idyllic harmony personify by the gunner sitting behind the commander.

Ismeretlen csapattest StuG. III Ausf. G-je (MIAG, 1943. 04-07.), valahol Kelet-Magyarországon, 1944 késő őszén vagy kora telén. A rohamlövegre minden bizonnyal később tették fel az 1944 májusától bevezetett Ostkette-t (keleti lánctalpat). További érdekesség az MG 42 géppuska számára kialakított, szélesített nyílás a töltőkezelő géppuskapajzsán, ennek ellenére a képen egy MG 34 géppuskát használ.

Unknown unit's StuG. III Ausf. G (MIAG, 04-07. 1943) somewhere in Eastern Hungary, late fall or early winter of 1944. The assault gun has been equipped with „Ostketten" which was put into service from May 1944. Interesting to note that the shield of the loader's machine gun was developed for the MG 42 with widened hole, but the loader is using a MG 34.

Feltehetően a már Sturmgeschütz-Brigade 303 (303. rohamlövegdandár) egyik StuG. III Ausf. G (MIAG, 1943. 03-05.) rohamlövege, mögötte egy Sd.Kfz. 9 Famo, valahol a Szovjetunió északnyugati részén, 1944-ben. Igazán érdekes a vezető előtti frontpáncél, mivel az egy hibrid változat. A figyelőműszer feletti középső rész a MIAG-ra jellemző hegesztett típus, ám mégis csavarozást kapott. Mindezek mellett a parancsnoki kupolát – a gyár hibájából – helytelenül rögzítették.

StuG. III Ausf. G (MIAG, 03-05. 1943) probably of Sturmgeschütz-Brigade 303, followed by a Sd.Kfz. 9 Famo. The picture was taken somewhere in the North-Western part of the Soviet Union, in 1944. The front armour of the driver is very interesting, because it is a hybrid: the welded part has been also bolted. All besides this, the commander's cupola looks into the wrong direction – as a mistake of the factory workers.

StuG. III Ausf. G (MIAG, 1943. 03[-07].) valahol egy szovjet városban. A MIAG-ra jellemző a sárvédők tartóeleme, valamint a fordított parancsnoki búvónyílás. A kötényezés teljesen eltartott állapotban látható. Nagy valószínűséggel az oldalsó páncélzat és a kötény közé így fértek be a 20 literes vizes kannák, amelyek további védelemként is szolgáltak.

StuG. III Ausf. G (MIAG, 03[-07]. 1943) somewhere in a Soviet town. The holders of the mudguards and the inverted cupola of the commander was typical for MIAG. The side skirts are in extended position, to make more room for the jerry cans which also gave additional protection.

Péter Kocsis Collection

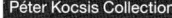

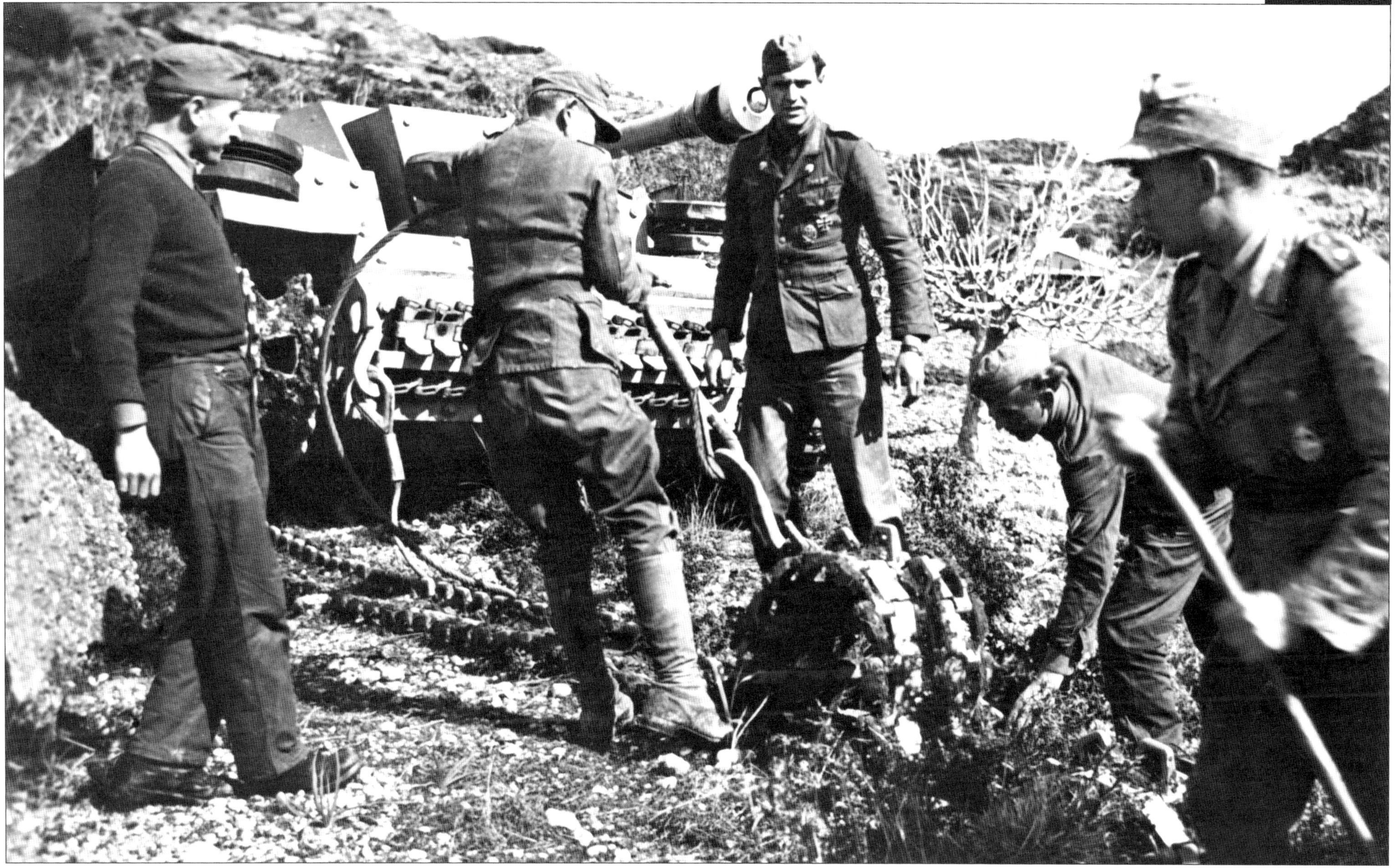

A következő három felvételen a Panzer-Abteilung Rhodos („Rodosz” páncélososztály) 1. századának rohamlövegeit láthatjuk Rodoszon. Ezen a képen a lánctalp visszaszerelésének kezdő mozzanatát figyelhetjük meg egy StuG. III Ausf. G-n (MIAG, 1943. 03-07.), amikor az „S” kampó (és a vontatókábel) segítségével behúzzák a helyére a leszaladt lánctalpat.

On the next three shots we can see the 1st company's assault guns of the Panzer-Abteilung Rhodos, in Rhodos. The first picture shows the initial movement of the track's repairing on a StuG. III Ausf. G (MIAG, 03-07. 1943) as the soldiers are pulling back the broken track into position with the „S” hook (and a cable).

Lövészetet hajtanak végre egy StuG. III Ausf. G (Alkett/MIAG, 1943. 03-05.) rohamlöveggel. A motortér tetőpáncélzatán térdelő katona a becsapódást figyeli. Nagyon érdekes a löveg oldalkötényezése, amelyet félbevágtak, s az eltávolított részéből a felépítmény oldalára kiegészítő páncélzatot készítettek, amit távtartóval szereltek.

Firing exercise of a StuG. III Ausf. G (Alkett/MIAG, 03-05. 1943). The soldier kneeling on the engine deck is watching the impact. The assault gun's side skirt is very interesting: it has been cut into half, and the upper part have been fixed to the superstrucutre's wall with spacers.

Ugyanaz a rohamlöveg szemből. Itt is megfigyelhető az előző képnél említett, a felépítmény formáját követő, táborilag átalakított kötényezés. Érdekes módon nem tettek a kötény és a páncéltest közé olyan anyagot, amely növelné a védelmet, pedig a századra jellemző volt a „betonöntéses" kiegészítés. Jól látható az 1. századot jelölő harcászati jelölés a frontpáncél bal oldalán.

Front view of the same assault gun. Here are also clearly seen the already mentioned field modified side skirts, which follow the contour of the vehicle. Although the company's StuGs usually had concrete armor, this one doesn't have any additional protection – neither concrete, nor anything between the superstructure and the skirt. The 1st company's tactical sign has been painted on the left side of the hull front.

Érdekes felvétel egy StuG. III Ausf. G-ről (MIAG, 1944. 06.). Ha hihetünk a motortér szerelőnyílásának és a lövegnek, akkor a MIAG által egy Pz.Kpfw. III Ausf. J/L alvázra épített rohamlöveget láthatunk. Álcázva és lesállásban ezek a lövegek igen magas harcértéket képviseltek. Jó példa erre a háttérben látható, a kezelői által hátrahagyott T–34 harckocsi (Uralvagonzavod, 1943-as gyártmány, éles kontúros toronnyal).

Interesting shot of a StuG. III Ausf. G (MIAG, 06. 1944). If we are right, this vehicle was built on the chassis of a Pz. III Ausf. J/L, based on the engine deck's hatch and the main armament. These assault guns had high combat value when they were in well chosen ambush position. A very good example for this is the abandoned T-34 (Uralvagonzavod, 1943, hard edged turret) in the background.

Szovjet katonák „ismerkednek" egy StuG. III Ausf. G-vel (Alkett/MIAG, 1943. 02-06). Jól megfigyelhető a motortér szerelőnyílásainak belső fele és a Maybach motor alkatrészei. Itt is látható a felépítmény alakját követő, táborilag vágott kötényezés. A rohamlöveggel feltehetően egy belső robbanás végzett. Erről tanúskodik a küzdőtér tetőpáncélzata, amely a rohamlöveg mellé esett.

Soviet soldiers are inspecting a StuG. III Ausf. G (Alkett/MIAG, 02-06. 1943). Clearly seen the inner side of the engine deck's hatch and the components of the Maybach engine. Here also can be seen the modified, field applied side skirt. The assault gun was destroyed probably by an internal explosion – testified by the roof plate of the fighting compartment next to the vehicle.

Ismeretlen alakulat StuG. III Ausf. G (MIAG, 1943. 02-05.) rohamlövegét figyelhetjük meg a következő két felvételen. A MIAG, miután leállt a Pz.Kpfw. III harckocsik előállításával, a fennmaradó alvázakat a rohamlöveg-gyártásban hasznosította. A Pz.Kpfw. III Ausf. M alváza tökéletes alapot adott a StuG. III G-nek.

On the next two pictures we can see a StuG. III Ausf. G (MIAG, 02-05. 1943) of an unknown unit. When the MIAG stopped the production of the Pz. III, used the remaining chassis in the production of the assault guns. The chassis of the Pz. III Ausf. M was a perfect base for the StuG. III Ausf. G.

Péter Kocsis Collection

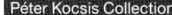

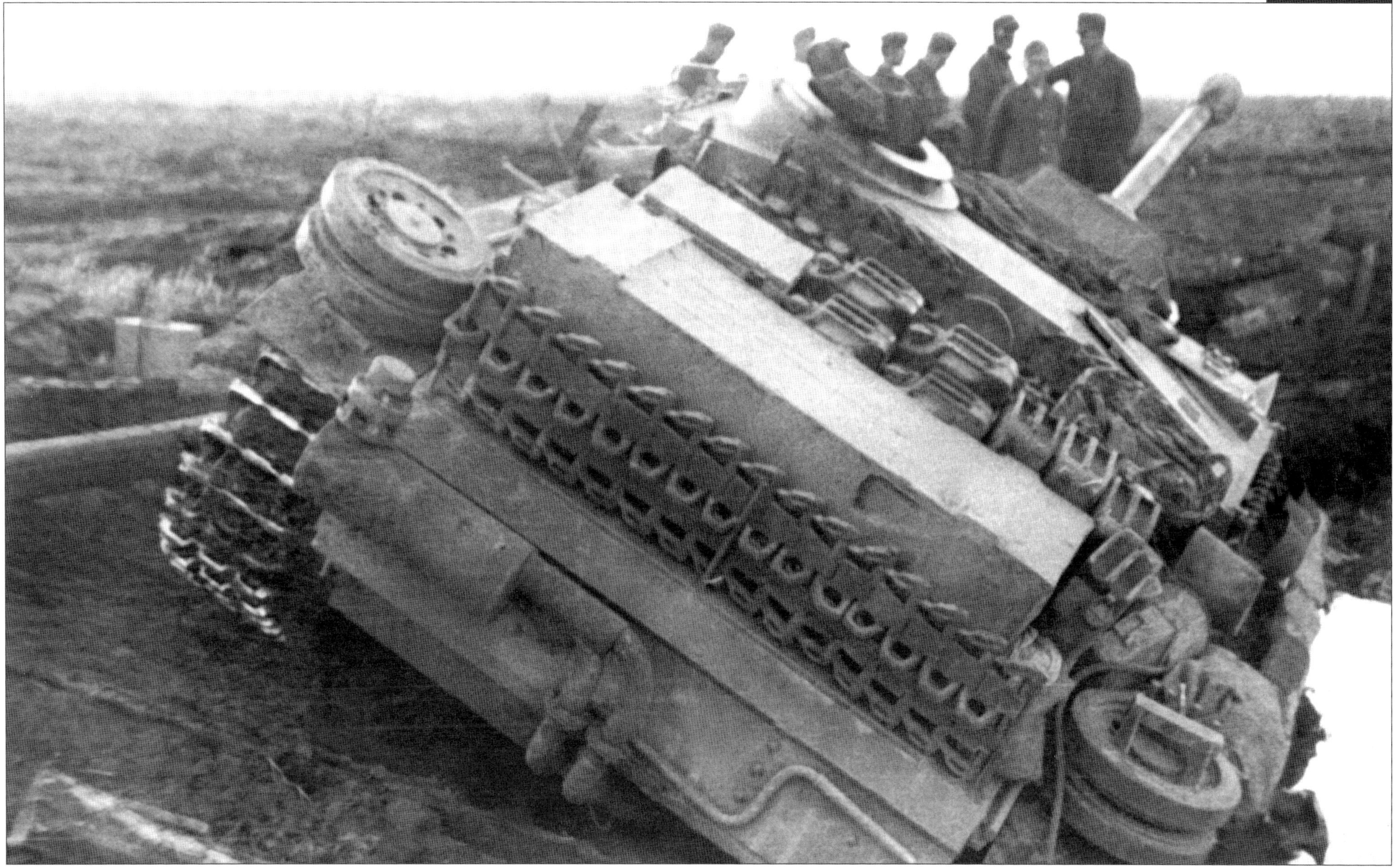

Figyeljük meg a sárvédőkre erősített pót futógörgőket, a táborilag felhelyezett rudakat, amelyek a lánctalpdarabot hivatottak rögzíteni! További érdekességek: a felszerelési tárgyak, több 20 literes üzemanyagkanna és a StuG-oknál szinte elmaradhatatlan, nagyméretű fadoboz.

Note the spare road wheels on the fenders and the field applied rod which had to hold the spare tracks. More interesting stuff: equipments, several 20 l jerry cans and the inevitable large wooden box.

Ismeretlen, a kezelők által hátrahagyott StuG. III Ausf. G (Alkett, 1943. 05-10.), valahol a keleti fronton. A számos sérülést szenvedett rohamlövegen érdekes dolgok figyelhetők meg, mint például a motortér nyitott szerelőajtaja, a sérült első futógörgő, a köténytartók kialakítása, a töltőkezelő által hátrafelé kidobált lőszerhüvelyek és a töltőkezelő leszakadt búvónyílása.

Unknown, abandoned StuG. III Ausf. G (Alkett, 05-10. 1943) somewhere on the Eastern Front. There are a lot of interesting features on this badly damaged vehicle: the opened hatch of the engine deck, the damaged road wheel on the first station, the design of the side skirt holders, the ammunition cases behind the vehicle and the blown away hatch of the loader.

Ugyanaz a rohamlöveg egy másik felvételen. Sokat sejtet a kötényezésen megfigyelhető találat, a sérült parancsnoki kupola, a szétszóródott szerszámok. A környezet is kemény harcokról tanúskodik. Szinte biztos, hogy a végzetes találatot követően ez a löveg megannyi további sérülést szenvedett el.

The same assault gun from a different angle. The penetration on the side skirt, the damaged cupola and the scattered tools are meaningful. Also the terrain shows the traces of heavy fightings. This assault gun almost certanly received more damages after the fatal hit.

A kezelők 75x495R lőszerrel töltenek fel egy StuG. III Ausf. G (Alkett/MIAG, 1943. 05-10.) rohamlöveget. Meglepő, de a töltőkezelőt nem zavarja az MG 34 géppuska, noha azt gondolnánk, érdemes kivenni a málházás idejére. A személyzet a futógörgőket sem bízta a véletlenre; zsúfoltan helyezték el őket a motortér feletti részen.

The crew reloading a StuG. III Ausf. G (Alkett/MIAG, 05-10. 1943) with 75x495R ammo. One might assume that it would be better to remove the MG 34 during reloading but it seems it doesn't bother the loader. The crew went for granted with the spare road wheels – they cramped them on the engine deck.

StuG. III Ausf. G (Alkett, 1943. 03-05.). A háború utolsó harmadában a rohamlövegek védettsége egyre gyengébbnek bizonyult. E harcjármű kezelői is kihasználták a lehetőségeiket a védettség növelésére. A kötényezés mellett elöl és oldalt további lánctalpdarabokat tettek fel, emellett némileg átépítették a motortér körüli részt. Doboz került az emelő támfájának helyére, míg utóbbit a sárvédő elejére rögzítették.

StuG. III Ausf. G (Alkett, 03-05. 1953). The armour protection of the assault guns proved to be inadequate in the last third period of the war. This vehicle's crew also took all the opportunities the increase the protection. They put further spare track links to the front and side armour, and slightly redesigned the area around the engine deck. A box replaced the wooden jack block which was placed to the front of the fender.

Kreatív kezelőket sejtet ez a StuG. III Ausf. G (Alkett/MIAG, 1943.05-10.), hiszen a hátul lévő, nagyméretű faláda mellett egyedülálló módon a töltőkezelő védelmére is törekedtek az oldalra felhelyezett, méretre vágott köténydarabbal. A védelem további növelését sem bízták a véletlenre. Számos tárgy figyelhető meg a páncéltest és a kötényezés között.

This StuG. III Ausf. G (Alkett/MIAG, 05-10. 1943) may had a very creative crew; they didn't only place a large wooden box onto the engine deck, but also made efforts to protect the loader with a plate of the side skirt which was cut to size. And they didn't leave the further protection to chance either. There are a lot of equipment stucked between the superstructure and the side skirt.

Amerikai katonák pózolnak egy végleges veszteségként leírt, utólag zimmeritezett StuG. III Ausf. G (Alkett/MIAG, 1943. 05-10.) előtt. Megfigyelhető a küzdőtér farpáncélján lévő ventilátor belső kialakítása. Felmerülhet a kérdés, hogy vajon ez a löveg gyári javításon esett-e át? Hiszen a felhordott zimmerit szabályossága az Alkettre utal.

U.S. soldiers posing in front of a StuG. III Ausf. G (Alkett/MIAG, 05-10. 1943) which became a total loss. The zimmerit coat was applied subsequently. We can see the inner side of the fan on the backwall of the fighting compartment. A question may come up about the factory overhauling because the style of the zimmerit looks like the Alkett scheme.

Érdekes felvétel egy, a nyugati fronton megsemmisült StuG. III Ausf. G-ről (Alkett, 1943. 04-05.). Ez az egyik első szériás, már homogén 80 mm-es test frontpáncéllal gyártott löveg lehet, hiszen a felépítmény elemei mindenképpen erre utalnak. Figyeljük meg a vegyes (áttört- és teli vezetőfogas) lánctalpat, a lövegpajzsban lévő helyretoló szerkezetet, valamint a hátsó támasztógörgőt, amiről leégett a gumifelület!

Interesting shot of a destroyed StuG. III Ausf. G (Alkett, 04-05. 1943) on the Western Front. This assault gun could be one of the very first vehicles which had 80 mm homogenious front armour, because the elements of the superstructure refer to this. Note the mixed type of track links, the recoil system in the gun mantlet and the last return roller with burnt off tire.

Kettő, elhagyatott StuG. III Ausf. G (közelebbi: Alkett, 1943. 05-10., távolabbi: Alkett/MIAG, 1943. 02-06.), valahol a keleti fronton, 1943/44 telén. Érdekes, hogy mindkét lövegnek nyitva a motortere, ami későbbi átvizsgálásra és elvontatási felmérésre utal. Az előtérben lévő rohamlöveg parancsnoki kupolája körül tábori kiegészítő páncélzat látható.

Abandoned StuG. III Ausf. Gs (the closer one: Alkett, 05-10. 1943, the farther one: Alkett/MIAG, 02-06. 1943) somewhere on the Eastern Front during the winter of 1943/44. The engine decks are in open position on both vehicles which may refer to some technical inspection and the possibilities of recovery. There is additional, field made protection around the commander's cupola of the StuG. III in the foreground.

Szovjet katonák egy megsemmisített oszlopot vizsgálnak valahol Németország területén, 1945-ben. Az előtérben látható StuG. III Ausf. G (MIAG, 1944. 05-09.) érdekessége, hogy a küzdőtér bal oldali frontpáncélján megfigyelhető a kis űrméretű lőfegyver találata következtében lepattogzott zimmerit. Kiváló szögből látható a csapatok által nyomatékosan kért parancsnoki kiegészítő páncélzat, továbbá a lövegpajzsba beépített párhuzamosított géppuska nyílása.

Soviet soldiers inspecting a destroyed column somewhere in Germany, 1945. The StuG. III Ausf. G in the foreground was produced by MIAG, 05-09. 1944. Note the damaged zimmerit on the front armor above the driver's visor. Clearly seen the additional armor of the commander's cupola (which was strongly requested by the troops) and the hole for the coaxial machine gun on the gun mantlet.

Három StuG. III Ausf. G (előtérben: Alkett, 1944. 05-06.) valahol a keleti front északi részén (Baltikum), 1944 késő nyarán/kora őszén. A beazonosításban segítséget nyújtanak a csak az Alkettre jellemző, s 1944. januártól bevezetett kései támasztógörgők és a test farpáncélja a motorindító nyílással (kurblizáshoz).

Three StuG. III Ausf. Gs (in the foreground: Alkett, 05-06. 1944) somewhere on the Northern part of the Eastern Front (Baltics), late summer/early autumn 1944. The late version return rollers and the openings for the starter crank on the back plate were specific only to Alkett and went into production from January 1944.

Elhagyott StuG. III Ausf. G (Alkett, 1943. 10-11.), valahol a nyugati fronton. A rohamlöveg egy korai szériás, öntött lövegpajzzsal szerelt példány lehet. Erről árulkodnak a még gumi futófelülettel ellátott támasztógörgők. Erre a lövegre is kért kezelőszemélyzete betonöntvényt a kiegészítő védelem reményében, ami – tekintve a lerobbant tetőpáncélzatot – nem hozott szerencsét.

Abandoned StuG. III Ausf. G (Alkett, 10-11. 1943) somewhere on the Western Front. This could be an early version with cast gun mantlet, according to the return rollers still with rubber tire. The crew requested some additional concrete armor which seems to fail to fullfill the job as the roof plate has been blown away.

Fedezék megerősítésére használt StuG. III Ausf. G (Alkett, 1943. 10-11.) a keleti fronton, 1943/44 telén. Felmerül a kérdés, vajon ki használta utoljára a védőállást? Hiszen a sárvédőn kettő darab, Degtyarjov DP-27 golyószóróhoz rendszeresített dobtár és egy szovjet kézigránát látható.

This StuG. III Ausf. G (Alkett, 10-11. 1943) was used for a strengthened bunker, somewhere on the Eastern Front during the winter of 1943/44. A question arises: who used it last time? As on the mudguard there are two racks of a Soviet Decktaryev DP-27 machine gun and a Soviet hand grenade…

A Gebirgs-Panzerjäger-Abteilung 95 (95. hegyi-páncélvadászosztály) egyik StuG. III Ausf. G (Alkett, 1944. 05-07.) rohamlövege a mai Szlovákia területén, 1944/45 telén. Azon utolsó szériás lövegek közé tartozik, amelyek az Alkett gyárat a hagyományos géppuskapajzzsal hagyták el. Érdekes a kis űrméretű lőfegyver találata az öntött lövegpajzson.

A StuG. III Ausf. G (Alkett, 05-07. 1944) of Gebirgs-Panzerjäger-Abteilung 95 in Slovakia (than Hungary) during the winter of 1944/45. This assault gun is one of the last which were equipped with the old style machine gun shield by Alkett. Note the hit on the cast mantlet caused by a small calibre weapon.

Elhagyatott StuG. III Ausf. G (Alkett, 1943.10.-1944.02.) rohamlöveggel „ismerkedik" egy amerikai katona, aki egy civil személlyel társalog. A két köténylemezt minden bizonnyal kiegészítő védelemként, egyben álcaként tehette a kezelőszemélyzet a jármű elé. Valószínű, hogy a rohamlöveg tüzelőállásban lehetett. Erről árulkodik a vezető figyelőprizmájának zárt páncélzata. Érdekes a táborilag kialakított álcafestés.

A G.I. inspecting an abandoned StuG. III Ausf. G (Alkett, 10. 1943 – 02. 1944) while talking to a civilian. Two plates of the side skirt were placed in front of the vehicle, probably as additional protection and camouflage. This StuG. may stood in an ambush position, according to the closed visor of the driver. Note the field applied camouflage paint.

Lassan manőverezik egy StuG. III Ausf. G (Alkett, 1943. 11-1944. 03.) Pripjaty körzetében (ma Észak-Ukrajna), 1944. február 11-én. A rohamlöveg tökéletesen szemlélteti a keleti hadszíntér ezen időszakára jellemző német állapotokat: teljesen felmálházott, az időjárás viszontagságainak kitett harcjármű, megfásult kezelőkkel.

A StuG. III Ausf. G (Alkett, 11. 1943 – 03. 1944) slowly moving along, somewhere in Pripyat (today: North-Ukraine), 11. February, 1944. This assault gun gives us a perfect impression of the German troops' conditions on the Eastern Front in this period: the vehicle is full of equipment, exposed to the weather and the crew look very exhausted.

Egy StuG. III Ausf. G (Alkett, 1944. 06.), valószínűleg a Gebirgs-Panzerjäger-Abteilung 95 állományában, valahol Magyarország területén 1944/45 telén. A kép kapcsán kiválóan megfigyelhető a tábori körülmények között készült téli álcafestés, amit itt festőkoronggal és kisseprűvel készítettek. A rohamlöveg mögött egy Sd.Kfz. 10/5 önjáró 2 cm-es légvédelmi gépágyú áll.

StuG. III Ausf. G (Alkett, 06. 1944) probably of Gebirgs-Panzerjäger-Abteilung 95 somewhere in Hungary, winter 1944/45. Clearly seen the field made winter camouflage, which was applied with brush and broom. There is a 2 cm self-propelled anti-aircraft gun (Sd.KFz. 10/5) behind the assault gun.

Rohamlöveg-oszlop valahol a keleti fronton. A képen – az egyik rohamlövegről fotózva – egy StuG. III Ausf. G (MIAG, 1943. 09-1944. 04.) látható, amelynek hátsó, páncélozott levegő beömlői nyitva vannak, feltehetően a hideg időjárást kihasználva, a motor túlmelegedésének megelőzése céljából.

A cloumn of assault guns, somewhere on the Eastern Front. The picture – taken from another StuG. – shows a StuG. III Ausf. G (MIAG, 09. 1943 – 04. 1944) which has its armoured air intake covers in open position to take advantege of the weather. The cold air helped to prevent the overheating of the engine.

Megerősített páncélzatú StuG. III Ausf. G (Alkett, 1943. 04-10.) parancsnoka pózol a kamerának. A német kísérleti lövészetek eredményei mellett szólni érdemes a szovjetek hasonló kísérleteiről. Ők úgy vélték, hogy a kiegészítő lánctalpdarabok hasznára váltak a harcjárműnek, hiszen közel 200 m lőtávolságnyi kiegészítő védettséget adhattak a különböző páncéltörő fegyverekkel szemben.

The commander of a StuG. III Ausf. G (Alkett, 04-10. 1943) posing for the camera. The assault gun's armour has been strengthened. Beside the results of the German shooting tests, we have to make a note about the Soviet ones too. They believed that the spare track links were useful as they gave additional protection within 200 m against the different anti-tank weapons.

Magányos StuG. III Ausf. G (Alkett, 1944. 09.) Berlinben, 1946 áprilisában. A rohamlöveg utolsó állásában látható a romos környezetben, sérült futóművével és eltűnt alkatrészekeivel egyfajta mementóként emlékezteti a lakosságot a hat évig tartó véres háborúra.

A lonely StuG. III Ausf. G (Alkett, 09. 1944) in Berlin, April 1946. The assault gun is laying in its last position with damaged running gear and missing parts, surrounded by ruined buildings as a memento of the six year of bloody war.

Szövetséges páncélososzlop halad el egy Pz.Kpfw. IV Ausf. J (háttérben) és egy StuG. III Ausf. G (Alkett, 1944. 06-07.) mellett Chamboisban (Északnyugat-Franciaország), 1944. augusztus 16-án. Jól megfigyelhető a páncéltest alsó páncéllemezének bal oldalán, valamint a vezető előtti páncélra öntött betonban keletkezett három becsapódás. Feltehetően a löveg parancsnoka az irányzótávcső elhelyezése miatt így választotta meg tüzelőállását, s emiatt a harcjármű bal oldalát tudták támadni.

An Allied tank coloumn passing by a Pz. IV Ausf. J and a StuG. III Ausf. G (Alkett, 16-07. 1944) in Chambois (North-Western France), 16 August, 1944. Three hits seen on the front bow's left side and on the concrete armour above the driver's visor. The commander was forced to place the assault gun into a firing position like this because of the gunsight's view, and therefore the enemy could attack the vehicle from the left side.

Az amerikai 102. gyaloghadosztály katonái készítették ezt a felvételt erről a megsemmisített StuG. III Ausf. G (Alkett, 1944. 09-11.) rohamlövegről. Kiválóan megfigyelhető a késői csőszájfék, a párhuzamosított géppuskával ellátott, öntött lövegpajzs, az így ritkán látható meghajtó görgő, valamint a lövegtámasz.

This picture of a destroyed StuG. III Ausf. G (Alkett, 09-11. 1944) was taken by a soldier of the 102. Infantry Division (U.S.). We have a good view of the late style muzzle brake, the cast gun mantlet with the coaxial machine gun, the gun stabilizer and the sprocket wheel which is rarely seen from this angle.

Ugyanaz a rohamlöveg hátsó nézetből. Kiválóan látható a motor- és a küzdőtér. Ritka rálátást enged a felvétel a lövegbölcső padlóhoz való rögzítésére, az irányzóműszer elhelyezésére, valamint a csekély – már a háború kezdetén is elégtelen, 30 mm-es – oldalpáncélzatra.

The same assault gun from the back, with an excellent view of the engine- and fighting compartment. We can't see very often the gun's base on the floor and the position of the gunsight. The 30 mm armour of the sidewall was inadequate even at the beginning of the war.

Az amerikai 9. Air Service Command katonái elvontatnak egy megsemmisített StuG. III Ausf. G (MIAG, 1943. 11-1944. 01.) rohamlöveget. Érdemes megfigyelni – a vontatás módján túl – a test alsó frontpáncéljába becsapódott két találatot, a teljesen szétrombolt, vezető melletti oldalsó páncélzatot és a vezető előtti, 50 mm-es alappáncélzatot a sérült csavarokkal (a kiegészítő 30 mm-es páncéllemez leszakadt).

The soldiers of the 9. Air Service Command (U.S.) towing a destroyed StuG. III Ausf. G (MIAG, 11. 1943 – 01. 1944). Interesting to note the two impacts on the front bow, the completly demolished armour besides the driver's compartment and the 50 mm base armour in front of it with the damaged bolts (the additional 30 mm armor plate was blown away).

Süddeutsche Zeitung

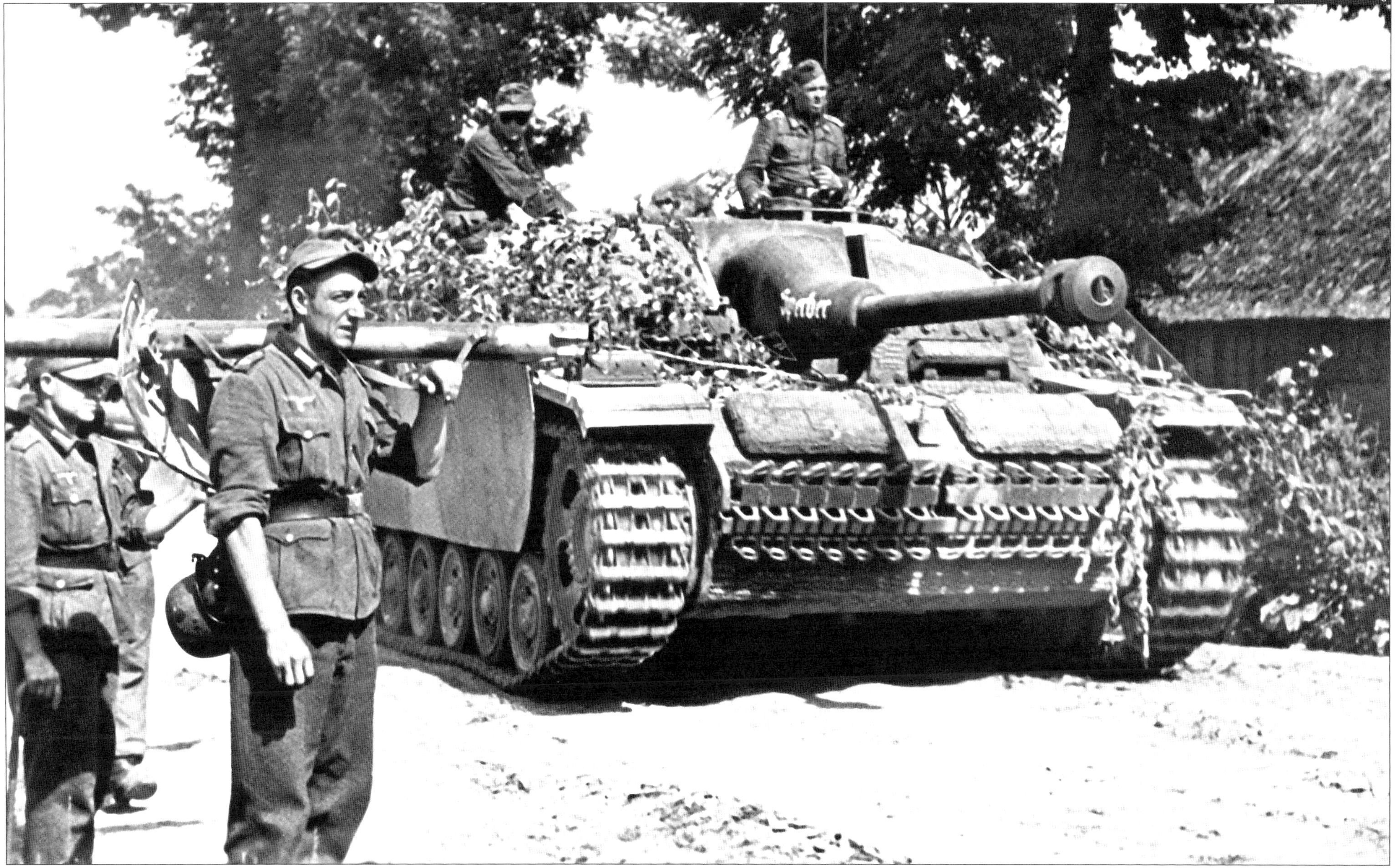

A következő négy felvételen a Sturmgeschütz-Brigade 202 rohamlövegeit láthatjuk. Ez a csapattest kiválóan és leleményesen használta a kiegészítő páncélzatok szinte teljes tárházát. A képen egy „Sperber" (karvaly) névre keresztelt StuG. III Ausf. G (Alkett, 1944. 05-06.) figyelhető meg, amelynek frontpáncélzatát a motor páncélozott légbeömlőivel is megerősítették.

We can see the assault guns of Sturmgeschütz-Brigade 202 on the next four pictures. This unit used almost every possibilities and resources to increase the protection with additional armour. Here we can see a StuG. III Ausf. G (Alkett, 05-06. 1944), named „Sperber" („Sparrow Hawk") by the crew. The front armour was strengthened with the armoured cover fans of the engine deck.

StuG. III Ausf. G-k oszlopa egy ismeretlen faluban. A dandárra jellemzően ezek a harcjárművek is kiegészítő beton- és további lánctalpvédelmet kaptak. Az élen haladó, az Alkett gyárban, 1944. június-szeptember között gyártott rohamlövegen az előírttól eltérő módon, a jobb sárvédő elejére helyezték a kézi emelő fa tartóbakját, mivel annak eredeti helyére – a jobb sárvédő hátsó részére – más, táborilag kialakított elemet (20 literes kannáknak) szereltek.

Column of StuG. III Ausf. Gs in an unknown village. Like the other assault guns of the Brigade, these vehicles also received additional concrete cover and spare track links. The leading StuG (Alkett, 06-09. 1944) has its wooden jack block removed to the front of the right fender, as on it's original place (the back of the fender) a couple of 20 liter jerry cans were put.

Félreállt StuG. III Ausf. G (MIAG, 1943.09.-1944.04.), egy ismeretlen német településen, 1944 második felében. Nagyon érdekes a StuG. Brig. 202 harcászati azonosító jelrendszere: itt a három, egymásba érő négyszöget láthatjuk, ami talán valamelyik üteg 3. lövegét jelenti. A fennmaradt felvételek alapján ezekből a jelölésekből több féle fordult elő a csapattestnél (eddig három változatot ismerünk).

A StuG. III Ausf. G (MIAG, 09. 1943 – 04. 1944) standing on the side of the road in an unknown German village in the second half of 1944. The StuG. Brig. 202. had a unique tactical identification system: the three squares maybe mean the third gun of a battery. There were more types of these markings in this unit according to the surviving pictures (three different versions known until now).

StuG. III Ausf. G-k menetbe való besorolás közben. Az utolsó rohamlöveg az előbbi képen már megismert jármű. A sok kiegészítő felszerelésre szüksége is volt a csapattestnek, mivel 1944 második felében a dandárt besorolták a német Észak Hadseregcsoport állományába, ahol folyamatos aktív védelmi harcot folytatott a szovjet Vörös Hadsereggel.

StuG. III Ausf. Gs as getting into marching line. The last vehicle is the same as the one on the previous picture. In the second half of 1944 the unit needed a lot of equipment as it was subordinated to Heeresgruppe Nord, where they continously took part in defensive actions against the Red Army.

Ismeretlen StuG. III Ausf. G (MIAG, 1944. 05-06.) valahol Észak-Olaszországban, 1944 második felében. A beazonosításban és gyártás keltezésében – a csakis a MIAG-ra jellemző zimmeriten túl – segítséget nyújt a gyárra jellemző, hatküllős támasztógörgő, a még csavarozott, jobb oldali kiegészítő páncélzat a felépítményen, valamint a málhatartó szerkezet a motortér felett.

StuG. III Ausf. G (MIAG, 05-06. 1944) of an unknown unit, somewhere in North Italy in the second half of 1944. In addition to the typical zimmerit scheme of MIAG, the six-spoked return rollers, the bolted additional armour plate on the right side of the superstructure and the racks above the engine deck also can help the identification.

Szintén olaszországi felvétel egy StuG. III Ausf. G (MIAG, 1943. 11.-1944. 01.) rohamlövegről 1944-ben. A motortér feletti málhatartó szerkezet mellett – amelyhez ötletesen csirkehálót is használt a kezelőszemélyzet – jól látható az MG 42 géppuskához kialakított géppuskapajzs is. A kurbli lánctalpba helyezésének oka rejtély…

StuG. III Ausf. G (MIAG, 11. 1943 – 01. 1944) also in Italy, 1944. Beside the rack above the engine deck – which was covered with chicken wire by the crew – also clearly seen the shield for the MG 42 machine gun. The crank stucked in the track is mysterious…

Az amerikai csapatok által zsákmányolt StuG. III Ausf. G (MIAG, 1944. 10.). A pontos azonosításban segít a csak a gyárra jellemző első sárvédő-tartó; a 360 fokban, a küzdőtérből körbeforgatható MG 34 géppuska és az előtte kialakított, az önvédelmi gránátvető nyílását lezáró, csavarozott lemez.

StuG. III Ausf. G (MIAG, 10. 1944) captured by U.S. troops. The basement of the front mudguard (only at MIAG), the remote controlled, 360° rotateable MG 34 machine gun and the bolted plate in front of it (which covered the openings for the self-defence grenade launcher) all help us in the correct identification.

Elhagyott StuG. III Ausf. G (MIAG, 1943. 11.-1944. 01.), valahol a nyugati fronton. A rohamlöveg minden bizonnyal kiégett. Erről tanúskodik a színe és a lepattogzott zimmerit. A felvételen kiválóan látszik a jobb oldali sárvédő, az erőátviteli rész tetőpáncélzatához csatlakozó eleme, valamint a jobb oldali, csavarozott, kiegészítő páncélzat.

Abandoned StuG. III Ausf. G (MIAG, 11. 1943 – 01. 1944) somewhere on the Western Front. According to the dark colour and the ripped off zimmerit coating, this assault gun probably burnt out. We got an excellent view of the front fenders, the coupler between the fender and the roof armour of the transmission, and the holes of the bolts on the front armour on the superstructure's right side.

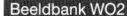

Amerikai és brit (skót) katonák tanácskoznak egy megsemmisített StuG. III Ausf. G (Alkett, 1944. 10.-1945. 04.) mellett. A rohamlöveg teljesen kiégett. Látható, hogy az első támasztógörgőről és a futógörgőkről teljesen, illetve részlegesen leégett a gumifelület. A csőszájfékre valakinek szüksége lehetett, mert lecsavarozták a lövegről.

American and British (Scottish) soldiers discussing next to a destroyed StuG. III Ausf. G (Alkett, 10. 1944 – 04. 1945). The assault gun completly burnt out. The tires burned off from the first return roller and the road wheels partly or completely. Somebody took away the muzzle brake also.

Holland katonák és civilek pózolnak egy érdekes terepfestésű StuG. III Ausf. G (Alkett, 1944. 06-09.) rohamlövegen Den Bosch városban, Hollandia Noord-Brabant tartományában, 1944 végén. Érdekes a parancsnoki kupola búvónyílása, amelyen már nincs rajta a gumipapucs, így teljesen kinyitható.

Dutch soldiers and civilians posing on a StuG. III Ausf. G (Alkett, 06-09. 1944), which has interesting camouflage. The assault gun was left behind in Den Bosch, Noord-Brabant, Nederland, in the end of 1944. Interesting the commander's hatch which is already lack for it's rubber pad, so it could be fully opened.

Szovjet katonák vizsgálják a rohamlövegeket, előtérben egy StuG. III Ausf. G-vel (Alkett, 1944. 10.). Az Alkett gyártmányára jellemző, tipikusan kései G altípust láthatunk: lövegtámasz, öntött lövegpajzs, belülről irányítható, 360 fokban körbeforgatható MG 34 géppuska, az anyaghiány miatt fémlappal letakart gránátvető-nyílás, kései kötényezés és málhatartó a motortér felett.

Soviet soldiers examine the assault guns. In the foreground there is a StuG. III Ausf. G (Alkett, 10. 1944). This is a typical late „G" version of Alkett: gun stabilizer, cast gun mantlet, remote controlled MG 34, the opening for the grenade-launcher been covered with a plate (because of material shortage), late style side skirts and rack above the engine deck.

StuG. III Ausf. G (Alkett, 1944. 03-09.). Érdekes, hogy a motortér gyulladt ki, s a tűz onnan terjedt át a küzdőtérre, ahol berobbanhatott a tárolt lőszerkészlet. Ez termelt annyi hőt, hogy a futógörgőkről leégjen a gumiperem. Megfigyelhető a kései köténytartó szerkezet sárvédőre szerelt része.

StuG. III Ausf. G (Alkett, 03-09. 1944). Interesing enough that the engine's compartment caught fire first which spread over the fighting compartment where the stored ammunition blew up. This devastating effect could generate enough heat to burn down the tires from the road wheels. Clearly seen the holder of the late style skirt on the fender.

Wannsee, Berlin délnyugati városrészében elhagyott StuG. III Ausf. G (Alkett, 1945. 01-04.) 1945-ben, minden bizonnyal a háború befejezése után. Igazán egyedülálló az öntött lövegpajzs, amin látható az öntési szám, illetve a kis toldalék a párhuzamosított géppuska számára és a test frontpáncélján lévő, módosított vontatófül.

Abandoned StuG. III Ausf. G (Alkett, 01-04. 1945) at Wannsee, the Southwestern part of Berlin, 1945, right after the war. The cast gun mantlet with a casting number, the small device for the auxiliary machine gun and the modified towing hook on the front hull are very unique.

Három, menetalakzatba fejlődő StuH. 42 Ausf. G, valahol a keleti fronton. A rohamtarackokat 1943. márciustól mindvégig az Alkett gyártotta a StuG. III Ausf. G alvázán. A leghátsó rohamtarackon nincs csőszájfék. Emellett érdekes, hogy mindhárom löveg motortér feletti málhatartóját falapokkal megerősítették.

Three StuH 42 Ausf. G's getting into a marching line, somewhere on the Eastern Front. The assault howitzers were produced by Alkett from March, 1943 on the hull of the Ausf. G. The rearmost vehicle doesn't have a muzzle brake. The racks on all three assault howitzers' engine deck has been strengthened with wooden planks.

A Sturmgeschütz-Brigade 202 rohamágyúi és rohamtarackjai sorakoznak. Jól megfigyelhető a csapattesten belüli altípusok és harcászati jelzések változatossága. Mindkét rohamtarack 1943 második felében épülhetett. Egyedüli különbség közöttük a lövegpajzsuk. A járművek festésüket minden valószínűség szerint a dandárrá bővítést követően, a feltöltés időszakában, tábori körülmények között kaphatták meg.

StuGs and StuHs of Sturmgeschütz-Brigade 202 in line. This picture is a good example of the diversity of the subversions and the tactical signs within the unit. The two Sturmhaubitze were produced most probably in the second half of 1943. Only the gun mantlets differ. The vehicles received their camouflage paint in field conditions, right after the unit has been extended to Brigade-size, during fulfillment.

StuH. 42 Ausf. G (Alkett, 1943. 09.-1944. 03.) a keleti fronton, 1944 elején. A rohamtarackok egyedül a fegyverzetben különböztek külsőleg a StuG. III Ausf. G rohamlövegektől. Ezen a tarackon jól látható a zimmerit kialakítása. Emellett megfigyelhető a kézzel festett, feltehetően fehér keretben fekete számjegyű harcászati azonosító szám is.

StuH. 42 Ausf. G (Alkett, 09. 1943 – 03. 1944) on the Eastern Front in the beginning of 1944. The only external difference between the Sturmgeschütz and the Sturmhaubitze was the main armament. See the appearance of the zimmerit coating and the hand painted tactical number, probably black with white outline.

A Sturmgeschütz-Brigade 904 egyik StuG. III Ausf. G (háttérben) rohamlövege és StuH. 42 Ausf. G (Alkett, 1943. 10.-1944. 03.) rohamtarackja, valahol Kelet-Poroszországban, 1944 nyarán. A rohamtarackok három különböző csőszájféket és negyedik változatként csőszájfék nélküli fegyverzetet használtak. Itt a ritkábban alkalmazott le.FH 18/40 tábori tarack csőszájféke látható.

StuG. III Ausf. G (in the background) and StuH. 42 Ausf. G (Alkett, 10. 1943 – 03. 1944) of Sturmgeschütz-Brigade 904 somewhere in East Prussia during the summer of 1944. There were three different types of the muzzle brakes of the assault howitzers (and they also had it without muzzle break - as a fourth solution). Here we can see the rarely used muzzle brake of the le.FH 18/40.

Késői StuH. 42 Ausf. G (Alkett, 1944. 06-12.) valószínűleg Magyarországon, 1944/45 telén. Ebbe a rohamtarackba csőszájfék nélküli fegyverzetet építettek. Kezelői jogosan erősítették meg a védelmét az oldalsó frontpáncélon és a parancsnok kupolájánál. Ezek a harcjárművek azok harcrendjében kísérték a gránátosokat, s így fokozottabban voltak kitéve az ellenség páncéltörő fegyvereinek.

Late StuH. 42 Ausf. G (Alkett, 06-12. 1944), probably in Hungary during the winter of 1944/45. This vehicle doesn't have a muzzle brake. The crew strengthened the protection of the front armour and the commander's cupola for good reason. These fighting vehicles had to accompanie the Panzergrenadiers in line, so they were more exposed to the enemy's anti-tank weapons.

Sok szempontból egyedülálló felvétel, feltehetően a Sturmgeschütz-Brigade 325 egyik StuH. 42 Ausf. G (Alkett, 1944. 06-09.) rohamtarackjáról, Hajdúnánáson (Magyarország), 1944 őszén. A test front részén a "leshely-mintá"-ra (ambush) hajazó álcafestés táborilag készülhetett. Valamiért a kezelők nem fejezték be a munkát. Jól látható a körbe forgatható géppuska állása, amikor a töltőkezelő búvónyílása nyitott helyzetben van.

Exceptional shot of a StuH. 42 Ausf. G (Alkett, 06-09. 1944) in many aspects. It probably belonged to Sturmgeschütz-Brigade 325. The picture was taken at Hajdúnánás (Hungary) in the autumn of 1944. The „ambush" look-alike camouflage paintjob was made by the crew, but they couldn't finish the job for some reason. We can clearly see the remote controlled machine gun's location when the loader's hatch is in open position.

COMING SOON!